Cuadernos del Acantilado, 134
Y DE TODO MAL ME
SANA UN BUEN VERSO

FABIO STASSI

Y DE TODO
MAL ME SANA
UN BUEN VERSO

BREVE DISCURSO SOBRE
DANTE, LA POESÍA
Y EL DOLOR

TRADUCCIÓN DEL ITALIANO
DE ANDRÉS BARBA

BARCELONA 2026 ACANTILADO

TÍTULO ORIGINAL *E d'ogni male mi guarisce un bel verso*

Publicado por
ACANTILADO
Quaderns Crema, S. A.

Muntaner, 462 - 08006 Barcelona
Tel. 934 144 906
correo@acantilado.es
www.acantilado.es

© 2023 by Sellerio Editore, Palermo
Este libro ha sido negociado a través de Ella Sher Literary Agency
© de la traducción, 2026 by Andrés Barba Muñiz
© de esta edición, 2026 by Quaderns Crema, S. A.

Derechos exclusivos de edición en lengua castellana:
Quaderns Crema, S. A.

En la cubierta, *Retrato alegórico de Dante*
(finales del siglo XVI), anónimo

ISBN: 979-13-87964-10-8
DEPÓSITO LEGAL: B. 23 819-2025

AIGUADEVIDRE *Gráfica*
QUADERNS CREMA *Composición*
ROMANYÀ-VALLS *Impresión y encuadernación*

PRIMERA EDICIÓN *febrero de 2026*

CONTENIDO

Tengo la impresión de que Dante estudió muy detenidamente todos los defectos del habla, que prestaba atención a los tartamudos, a los ceceosos, a los gangosos, a quienes no pronunciaban claramente algunas letras y que aprendió mucho de ellos.

ÓSIP MANDELSTAM,
Coloquio sobre Dante
[trad. Selma Ancira]

Escribí estas páginas con motivo del festival Dante Assoluto, celebrado en la Basílica de Majencio de Roma el 13 de julio de 2021. El texto se reproduce aquí íntegramente.

PARTÍ DE MELANCOLÍA

Cuando me llamó mi editor para encargarme una conferencia sobre el poder terapéutico de la poesía de Dante y pensé en el escenario al que me tendría que subir (la Basílica de Majencio), en el público, en la enormidad del tema (si Dante puede sanarnos) y en lo que Contini denominaba «el tenebroso mundo de los dantescos», mi primera reacción fue una oleada de pavor. Intenté controlarla, pero lo logré sólo a medias, y cuando colgué el teléfono temí «caer como caen los muertos». Afortunadamente, acudieron a mi rescate otros dos poetas: Brodsky y Saba. Brodsky, con una reflexión que nunca he olvidado: la de que escribir es una práctica que no da experiencia, sino una continua incertidumbre, y en la que el estado de ánimo más habitual es el pánico.[1] Y Saba, con un fragmento que afloró de

[1] Joseph Brodsky, *Menos que uno*, trad. Carlos Manzano, Madrid, Siruela, 1994, p. 345 y ss.: «En el ámbito de la escritura lo que se acumula no es pericia, sino incertidumbres que constituyen pura y simplemente otra forma

quién sabe dónde: «Y de todo mal me sana un buen verso».

El miedo que genera la escritura, pensé, puede aplacarlo la escritura misma. En Google encontré la referencia al instante: procedía de una antología de hace casi un siglo, *Preludio e canzonette*. El poema se titula *Finale* y empieza así:

> La vida humana es triste y oscura,
> y nada en ella se detiene.
> Sólo el Tiempo que pasa es siempre igual.

La coincidencia me dejó estupefacto. Ese arranque era, y es, una especie de resumen fulgurante de la *Comedia*, y contiene las dos primeras palabras que perduran en el Infierno: *vida* y *oscura*. El viaje de Dante también parecía aludido en el cierre:

> Oh, cuántas veces
> —como ahora de nuevo—[...]

---

de llamar el oficio. En esa esfera, en la que la pericia es una forma de granjearse la fatalidad, los conceptos de adolescencia y madurez se confunden y el estado de ánimo más frecuente es el pánico».

partí de Melancolía
y llegué por ese camino hasta la Dicha.[1]

Estrené un cuaderno nuevo, como hago siempre que debo preparar un encargo, y decidí que partiría de esas tres primeras palabras: *pánico*, *melancolía*, *dicha*, como si se trataran de los topónimos de una geografía.

La primera, *pánico*, forma parte de nuestro lenguaje habitual hasta el punto de que se ha convertido en un modismo. La usamos en expresiones cotidianas para referirnos a esas emboscadas en las que cualquiera puede caer, incluso sin motivo aparente, en la calle, en plena noche, en la cama, y a las que llamamos ataques de pánico, crisis de pánico.

La otra, *melancolía*, representa un estado de ánimo difuso, relativamente inofensivo si es pasajero, pero muy perjudicial si se cronifica y convierte en trastorno depresivo persistente, como la distimia, lo que provoca una tristeza latente irreprimible.

[1] «*Oh, quante volte | —e questa ancora—* [...] *| sono partito di Malincolia | e giunto a Beatitudine per via*». Umberto Saba, *Il canzoniere (1900-1954)*, Turín, Einaudi, 2014, p. 237.

Pero si el *pánico* y la *melancolía* son los estados emocionales de la partida, al final del viaje uno puede acercarse, o al menos rozar, la *dicha*. Es el mapa de un itinerario: la Melancolía desde la que se zarpa y en la que uno se pierde, y la Dicha a la que se aspira: la cura, la sanación, el tiempo de convalecencia.

Empecé a releer a Dante bajo esa perspectiva con gran curiosidad. ¿Podía realmente su poesía—y lo que Borges consideró el mejor libro escrito por un ser humano, la *Comedia*, un libro infinito—calmar nuestros miedos, nuestras hipocondrías, como cantaba Battiato, nuestras crisis existenciales, nuestro aislamiento e infelicidad, y devolvernos alguna forma reparadora de equilibrio? Y, sobre todo, ¿creemos aún que de todo mal puede sanarnos un buen verso? ¿O acaso la nuestra es poco más que esa creencia retórica y abstraída que concedemos a los poetas a los que estudiamos en el colegio, una creencia parecida a la que concedemos irracionalmente a horóscopos, adivinos, magos e ilusionistas?

POESÍA Y MAGIA

Efectivamente, en el pasado, los poetas eran taumaturgos, médicos, sacerdotes, jugaban con correspondencias astrales, motivos arcanos, patrones numerológicos.[1] A ellos quedaban reservadas las cualidades medicinales y fenómenos de clarividencia, como el don profético, a menudo combinado con la ceguera.[2] «Podría decirse que los magos son los primeros poetas o, indistintamente, que los poetas son los primeros magos»,[3] escribió Max Augé, porque el propósito mági-

---

[1] También lo hace Dante. Charles Singleton elaboró un cuadro sinóptico alineando el número de versos de todos los cantos de la *Comedia*, en el que se aprecia cómo los cantos centrales de todo el poema, en el Purgatorio, tienen su propia simetría perfecta (se componen de 151, 145, 145, 139, 145, 145 y 151 versos): un canon inverso.

[2] El propio nombre de Homero deriva probablemente de *o me oron*, 'el que no ve', y Demódoco, el aedo ciego que aparece en el Canto VIII de la *Odisea*, siempre se ha interpretado como una representación del propio Homero.

[3] Antonino Buttitta, «Introduzione», en: Anita Seppilli, *Poesia e magia*, Palermo, Sellerio, 2011, p. 15.

co de la literatura no es cambiar el mundo, sino crear un efecto ilusorio de realidad, un efecto poético que nace de «manipulaciones parecidas a las del mago: el poeta corta, recorta y combina, creando una especie de cortocircuito entre las palabras y los conceptos».[1] No crea tanto una nueva relación con la realidad como una nueva relación con las palabras.

La palabra tiene un poder demiúrgico. Cuando se transforma en música, a través de la métrica, el ritmo, los acentos, el juego de repeticiones y asonancias, el uso del pensamiento simbólico y las metáforas, crea el mundo[2] y entra en el terri-

[1] *Ibid.*, p. 16.
[2] Se podría leer el Génesis como el nacimiento de un diccionario. «En el principio era el Verbo», nos dice Juan al comienzo de su Evangelio: «Y el Verbo era con Dios. Y el Verbo era Dios». Y en el tercer versículo del Génesis leemos: «¡Hágase la luz!». Inmediatamente después Dios llamó a la luz «día» y a las tinieblas «noche». Y separó las aguas con una extensión a la que dio el nombre de «cielo». El primer diccionario del universo consta de esas cuatro palabras: luz, día, noche y cielo. Sólo más tarde se añaden otras palabras: la tierra, los mares, los árboles, las estaciones, los días, los años, las estrellas, los animales y, por último, el hombre y la mujer. El hombre fue creado del polvo de la tierra, del humus, y nació junto a la lluvia y los ríos. Pero antes incluso de darle una compañera, Dios

14

torio de la magia[1] al que también pertenecen los proverbios, la brujería, los conjuros y sortilegios. En la tradición ayurvédica y otras culturas religiosas, el mantra tiene un poder curativo, es una práctica encaminada a la salvación. Porque la poesía, antes que alfabeto y escritura, fue canto, y por ende, voz, y por lo mismo, aliento, que es el primer verbo de la vida. Con el desarrollo del pensamiento racional, se convirtió en un arte cada vez más profano y el poeta en un profesional de la palabra, pero conserva esa función de encantamiento, un aura casi sagrada, la patente de reunir lo visible y lo invisible, lo perceptible y lo imaginado, a través del sonido reiterado de las sílabas. La música es la acción mágica de la poesía que perdura en el tiempo y el terceto encadenado de Dante la balsámica y prodigiosa cantilena.

---

dio a Adán la orden de no comer el fruto del árbol de la ciencia del bien y del mal, porque si lo hubiera hecho, el vocabulario del mundo habría tenido una nueva entrada: la palabra «muerte».

[1] *Cf.* también Antonino Buttitta, «Introduzione», en: Anita Seppilli, *Poesia e magia, op. cit.*, pp. 11-25.

BREVE APUNTE SOBRE
LA VULNERABILIDAD

Pero ¿cuál fue el punto débil de Dante? ¿De qué Melancolía partió? ¿Qué dolencias padecía, de qué deseaba sanar? Pese a ser, tal vez como nadie, un hombre implicado en su tiempo, en los asuntos políticos de su ciudad, en los temas culturales y religiosos de su época—Dante es el hombre medieval por excelencia—, lo seguimos sintiendo profundamente «contemporáneo». Así es como lo han sentido en todas las épocas. ¿Por qué motivo? ¿Acaso sólo por su elevado valor literario? ¿O es también porque nadie ha retratado sus dolencias, y en definitiva su fragilidad, con tanta fuerza e implicación personal?[1] Es como

[1] Para Auerbach, «los habitantes de los tres reinos se encuentran en un estado inalterable (esta palabra la emplea Hegel en una de las más bellas páginas que se hayan escrito jamás sobre Dante, en sus *Lecciones de estética*), a pesar de lo cual Dante sumerge "el mundo viviente de la acción y la pasión humana, y hasta los actos y destinos individuales, en esta existencia sin cambio"», en: Erich Auerbach, *Mimesis. La representación de la realidad en la literatura occidental*, trad. Ignacio Villanueva y Eugenio

si, a diferencia de un Aquiles o un Sigfrido, Dante se hubiera consagrado por entero a la vulnerabilidad sumergiéndose en un líquido opuesto al del río mitológico o la sangre del dragón, un líquido que lo dejó totalmente indefenso y desvalido.

Son las dolencias las que atraviesan inmutables los siglos—el sufrimiento, el dolor, la sensación de desconcierto—, son ellas las que marcan el ritmo del Tiempo que permanece invariable. Es la experiencia de aquéllas, que es la experiencia de la vida, la que nos une a todos. Y es el lugar que elige Dante para escribir, el centro de su sanatorio personal: escribe, observa, cuestiona, razona, conversa consigo mismo y con los demás. Y de todo, y por todo, siente piedad.

Ímaz, Madrid, Fondo de Cultura Económica, 2014, edición digital.

EL PRINCIPIO ACTIVO
DE DANTE

No sé si se puede extraer de su poema una fórmula como si se tratara de un prospecto en el que se indican los diversos ingredientes de un medicamento, pero si se pudiera, el primer elemento que encontraríamos sería la piedad o la pasión de Dante por los condenados de la tierra. Esa piedad, no metafísica sino completamente terrenal, que Borges y Shakespeare llamarían «*the milk of human kindness*» ('la leche de la bondad humana'),[1] es el principio activo de la *Comedia* y su propiedad medicinal.

Una piedad no reconocida por todos: algunos la pretendían contradictoria, casi herética, con respecto a los castigos infligidos por Dios en el infierno (esa disidencia, esa complicidad afectiva con el género humano perdido,[2] ese reservar-

[1] Cf. J. L. Borges, *Nueve ensayos dantescos*, Madrid, Alianza, 2002.

[2] «El género humano perdido» es una expresión que emplea Elio Vittorini al comienzo de *Conversazione in Sicilia*: «Yo me encontraba, aquel invierno, presa de furo-

se «los atributos de la piedad y del entendimiento»[1] fue también para Dante una estrategia técnica: una forma de ocultar su presencia y el escenario teatral, de hacer olvidar que, al fin y al cabo, era él mismo quien ejercía la Justicia, quien dictaba sentencia, quien dispensaba la gloria o la perdición, actor y espectador al mismo tiempo:[2] «Dante comprende y no perdona; ésa es la paradoja irresoluble».[3] Nietzsche llegó a acusarlo de crueldad apostrofándole, en un epigrama,

---

res abstractos. No diré cuáles, no es que vaya a contarlo. Pero ha de decirse que eran abstractos, no heroicos, no vivos; furores, en cierto modo, por el género humano perdido». El suyo es otro íncipit dantesco, preludio de un viaje. Pero es dantesca también su referencia a «la perdida gente» que aparece en la puerta del Infierno al comienzo del Canto III (v. 3)

[1] *Ibid.*, pp. 53-58. Véase también el prólogo.

[2] También Pirandello, antes que Borges, destacó ese juego de ilusionismo de Dante: «A todos embaucó mediante el poder de una imaginación creadora que construyó un mundo en el que el poeta aparecía ante nuestros ojos, por un prodigio del arte, no ya como creador sino como actor, como un viajero que pasa por este mundo, dubitativo, temeroso, como si él mismo no hubiera preparado todas esas sorpresas, esas maravillas, esos espectáculos», Luigi Pirandello, «La poesia di Dante», en: *Scritti danteschi*, Milán, Luni editrice, 2021, p. 39.

[3] Jorge Luis Borges, *Nueve ensayos dantescos, op. cit.*

como «la hiena que hace poesía entre las tumbas»,[1] y Walter Savage Landor, en una conversación imaginaria (*El Pentamerón*), hizo decir a Petrarca que Dante era «el gran maestro de lo repugnante».[2]

La definición de Borges de «verdugo piadoso» es mucho más acertada.[3] Cada personaje del poema es una parte de él, cada defecto le pertenece.[4] Su libertinaje, su propio destino desafortunado, le inspiran una enorme piedad y dotan a su poesía de gran delicadeza y precisión.

Ése es el principio activo que le permite ponerse en la piel de todos aquellos con los que se encuentra en el viaje de la *Comedia*, el que le habilita a vestir literalmente sus vestidos, devolverles la voz, revivir sus historias y angustias para, finalmente, emprender el camino individual y colectivo de la sanación: porque esos vestidos, esos trajes, son también los suyos. Dante es Frances-

---

[1] *Ibid.*

[2] *Cf.* T. S. Eliot, «Dante (1) 1920», en: *Studi su Dante*, Milán, Bompiani, 1994, p. 11

[3] «El verdugo piadoso» es el cuarto de los *Nueve ensayos dantescos*.

[4] Escribe Borges: «El poeta es cada uno de los hombres de su mundo ficticio, es cada soplo y cada pormenor».

ca, y también Ulises, Cacciaguida, Manfredo, Pia dei Tolomei, Francisco de Asís y todos aquellos a los que describe. Revive en él la *Pietas* virgiliana, esa mezcla de deber, devoción, amor, respeto a los antepasados, los padres, los hijos, las tradiciones, la patria, los dioses, a los que los romanos veneraban como a una divinidad.[1]

De forma similar a un medicamento, la ingesta o administración de este principio activo (a través de la lectura de un canto o de otras páginas de la obra de Dante) puede ejercer sobre nosotros una acción farmacológica, inmunológica o metabólica—según la definición del Ministerio de Sanidad—, es decir, restaurar, corregir o modificar funciones fisiológicas alteradas o inoperantes, como la capacidad de sentir lástima o empatizar con el sufrimiento ajeno.

En nuestra arrogancia de hombres del siglo XXI, hemos olvidado que leer poesía en silencio o en voz alta puede ayudarnos a regular el sueño tanto como la melatonina, pero también

---

[1] *Pietas* implicaba también la necesidad de cumplir el propio destino, aunque ello supusiera el sacrificio y el ejercicio de la clemencia. Su abanderado es Eneas, que renuncia a Dido para cumplir su tarea y no se ensaña con los vencidos, porque él mismo es también un vencido.

puede provocar efectos secundarios: inducirnos insomnio, alterarnos, conmovernos.

Al principio del Canto xxv del Paraíso (vv. 1-3), Dante dice:

> Si alguna vez este poema sacro
> en que han puesto sus manos cielo y tierra
> y que me ha consumido largos años…

La poesía puede adelgazar, puede engordar, pero también es la única sanación posible. Es terapéutica la postura de Dante, la forma en que se prepara para el encuentro con las almas del Infierno, el Purgatorio y el Paraíso. Dante es un condenado entre los condenados, un penitente entre los penitentes, un paciente entre los pacientes, más todavía, el primero de los pacientes.

EL LIBRO
DE MI MEMORIA

El primer poder curativo de la escritura de Dante se encuentra, por tanto, en la forma en que el propio poeta se retrata a sí mismo: escuchando. Pero ¿de qué sufre exactamente, qué síntomas tiene, por qué caminos llega a tan amplia capacidad de compasión?

Dante es, ante todo, un hombre que ha tenido una experiencia precoz de la muerte. Es huérfano desde la infancia. Pierde a su madre de niño, entre los cinco y los ocho años; a su padre de adolescente, entre los dieciséis y los dieciocho; y a Beatrice en plena juventud, a los veinticinco. Aparte, desde octubre de 1301, es decir, desde la mitad del camino de su vida *sbinariata*, 'desbinariada' o 'al margen de los cauces convencionales', por utilizar el neologismo de otro poeta, Giovanni Giudici, no vuelve a pisar su ciudad natal, y el exilio dura veinte años, hasta su muerte en 1321.

El cielo de la *Comedia*, el cielo de Dante, es por tanto un cielo minado de afectos y pertenencia. Un cielo al que le faltan las estrellas polares. Un cielo que se oscurece progresivamente, abocándolo al miedo y la ceguera.

Para trazar un mapa celeste del mismo, es necesario partir de *La vida nueva*.

Dante la escribió antes de su exilio, entre 1294 y 1295: «En aquella parte del libro de mi memoria, antes de la cual poco podría leerse, hay una rúbrica que dice: *Incipit Vita Nova*, y debajo de ella encuentro escritas las palabras que es mi intención transcribir en este libelo, si no total, por lo menos sustancialmente».[1]

La parte del libro de su memoria «antes de la cual poco podría leerse» es su infancia, y las «palabras» que Dante se propone reunir en ese pequeño libro son sus recuerdos, empezando por el primero, conocido por todos, su encuentro con Beatrice cuando tenía nueve años.

«Nueve veces ya desde mi nacimiento había vuelto el luminoso cielo al mismo punto en virtud de su propio movimiento giratorio».[2] Nueve

---

[1] Dante Alighieri, *La vida nueva*, introd. Miguel Scherillo, trad. Luis C. Viada y Lluch, Barcelona, Montaner y Simón, 1912, p. 45.

[2] *Ibid.*, p. 46. Dante escribió antes de la revolución copernicana y de Galileo: para él, el Sol gira alrededor de

años después de su nacimiento, según el simbolismo numérico de la Edad Media, Beatrice, la «gloriosa mujer de mis pensamientos» apareció ante sus ojos: «Iba vestida con nobilísimo traje, humilde y honesto, de color sanguíneo, ceñida y adornada de la guisa que a su juvenil edad convenía».[1]

A ella se aplican los versos de Homero: «No parece hija de hombre mortal, sino de Dios».[2] Y en ese momento los tres espíritus que habitan el cuerpo del niño Dante comienzan a temblar, a asombrarse, a llorar. El primero es «el espíritu de la vida, que en la secretísima cámara del corazón tiene su morada»:[3] el pulso de las muñecas se debilita; el segundo es el «espíritu animal»,[4] que habita en la cámara superior adonde los sentidos llevan sus percepciones: la vista se empaña; el tercero es el «espíritu natural»,[5] el que habita en las cavidades bucales: la voz se quiebra. Es la fenomenología exacta de una explosión emocional.

---

la Tierra, y no al revés. Una evidente herencia ptolemaica pervive también en nuestro lenguaje cuando decimos que el sol sale o se pone.

[1] *Id.*   [2] *Ibid.*, p. 48.   [3] *Ibid.*, p. 46.
[4] *Ibid.*, p. 47.   [5] *Ibid.*, p. 48.

«He aquí un dios más fuerte que yo—dice Dante—que viene a señorearme»,[1] a mostrarle la Dicha, pero también a advertirle que a partir de entonces se sentirá perdido, infeliz, incómodo. Comienzan las primeras manifestaciones corporales derivadas de su hipersensibilidad: Dante tiembla, llora, se intimida, es muy impresionable, está ansioso, y cuando crezca se desmayará. Sufre lo que en medicina se conoce como trastornos del sistema cardiovascular.

Encontramos el mismo episodio en una de sus *Rimas* juveniles, una canción, *Y me arrepiento así, tan duramente* (LXVII):

> El día en que mi dama vino al mundo,
> según nota que lleva
> mi memoria en su libro asaz confuso,
> de mi pecho infantil en lo profundo
> sentí una pasión nueva,
> que desde el primer ímpetu me impuso,
> y a todas mis potencias freno puso
> tan súbito que dio conmigo en tierra
> una voz que en lo interno percutía.
> Y, si el libro no yerra,
> mi espíritu vital temblor tan fuerte

[1] *Ibid.*, p. 46.

sintió, que ya la Muerte
para él venida al mundo parecía:
ahora le pesa a Amor, que tal hacía.[1]

Si el primer encuentro infantil con Beatrice es
para Dante un segundo nacimiento, el descubri-
miento de su identidad física y emocional debe
considerarse, en consecuencia, un tema congé-
nito y constituye la primera página de su obra.
Su aprendizaje lírico y el íncipit de su *Vida nueva* y de su vida de escritor residen en la conciencia de su propia fragilidad humana.

Un íncipit casi propio del siglo xx en el fondo. Se asemeja a la puesta en escena de una se-
sión psicoanalítica en la que se pide al paciente
que relate su primer o más importante recuer-
do de la infancia. Dante se tumba en el diván y
comienza el tratamiento, su personal «sanación
por la palabra». Habla explícitamente del «libro
de mi memoria» y de «la secretísima cámara del
corazón».[2] El suyo será un trabajo de autoaná-
lisis y una investigación sobre el inconsciente,

[1] *Ibid.*, p. 47.
[2] En él, el verbo *recordar* recupera su etimología original, *re-cordis*, volver a las partes del corazón. *Cf.* Eduardo
Galeano, *El libro de los abrazos*, Madrid, Siglo xxi, 1989.

sobre la relación entre la verdad y la mentira, el sueño y la realidad: para Eliot, es también un tratado de psicología, «algo parecido a lo que ahora llamamos *sublimación*»,[1] y quizá sobre la dependencia emocional.

Modernísima escritura autobiográfica que avanza mediante párrafos, fragmentos, entre la crónica y el verso juvenil. El ejemplo más cercano es casi mil años anterior: las *Confesiones* de san Agustín. Pero Dante empieza a mezclar géneros, como un boticario sus ingredientes.[2] *La vida nueva* es la primera composición mixta de prosa y poesía de nuestra literatura.[3] Dante se pone a sí mismo en el centro de sus obras como personaje. Hoy lo denominaríamos, con una de

[1] *Cf.* T. S. Eliot, «Dante (II) 1929», en: *Studi su Dante, op. cit.*, p. 60. [«Dante», en: *La aventura sin fin*, ed. Andreu Jaume, trad. Juan Antonio Montiel, Barcelona, Debolsillo, 2014, p. 242].

[2] Del mismo modo, más adelante mezclará la mitología cristiana con la pagana.

[3] Si en el caso de la autobiografía, el precedente era el de san Agustín, para este género lo es el *Consuelo de la filosofía* de Boecio [existe traducción en español: Boecio, *Consuelo de la filosofía*, trad. Eduardo Gil Bera, Barcelona, Acantilado, 2020]. *La vida nueva* es el primer *prosimetrum* de la literatura italiana.

las etiquetas de las que más se ha abusado en las últimas décadas, *autoficción*.

El término *autoficción* se acuñó en 1977 y hace referencia al «género literario en el que el propio autor es el protagonista de los hechos ficticios narrados».[1] Dante se anticipa a ello con un amplísimo margen: es una definición que puede aplicarse a su obra sin cambiar una coma.

Dante escribe siempre en primera persona y sobre hechos de su propia vida.

[1] Según la definición de Treccani: https://www.treccani.it/enciclopedia/autofiction_(Enciclopedia-Italiana)/.

TRASTORNOS DEL SUEÑO

Nueve años después del primer encuentro, vuelve a cruzarse con Beatrice en la calle. Ella va vestida «de color blanquísimo» y camina entre «dos gentiles damas, pero de mucha mayor edad». Beatrice vuelve los ojos hacia él, que permanece allí «lleno de temor», y lo saluda «tan afablemente que me pareció entonces descubrir todos los términos de la felicidad».[1] Es la primera vez que Dante oye su voz, está embriagado.

«Sentí tanta dulzura, que como embriagado hui […] Y retirado al solitario lugar de mi estancia […] y pensando en ella se apoderó de mí dulce sueño». Inmediatamente después se produce una «aparición maravillosa»: una nube del color del fuego se alza en la estancia y un «varón de aspecto terrible» le dice que es su amo (*Ego dominus tuus*): «Entre sus brazos parecíame ver dormir a una persona, ligeramente envuelta en un cendal rojizo», y resulta ser la mujer a la que ha

[1] Dante, *La vida nueva*, *op. cit.*, p. 49.

saludado en la calle, y cuyas manos sostienen su corazón, que arde.[1]

Dante despierta, comprende sin lugar a duda que ha sido visitado por el Amor y escribe un soneto. *A ciascun'alma presa* ('A toda alma opresa'), a toda alma enamorada:

> El alma opresa, el corazón constante,
> a quienes llegue mi decir presente,
> me signifiquen su pasión doliente,
> y hayan salud de mi señor amante.
> Era ya el tiempo en que la rutilante
> luz de los astros brilla más luciente,
> cuando vino el Amor súbitamente;
> y aún tiemblo por hallármelo delante.
> Alegre Amor me apareció, teniendo
> mi corazón en una mano, y daba
> sitio en sus brazos a mi amor, durmiendo.
> Le despertó: del corazón ardiendo
> a aquella humilde dama alimentaba.
> Luego marcharse la miré, gimiendo.[2]

El «dulce sueño» que sorprende a Dante es el primero de una larga serie de episodios que se repetirán con frecuencia a partir de entonces.

---

[1] *Ibid.*, p. 50.   [2] *Ibid.*, p. 51.

Atraviesan la *Comedia* desde los primeros versos. Al final del Canto III del Infierno (vv. 130-136), Dante vuelve a perder el conocimiento:

> Tembló después el tenebroso suelo
> con tal potencia que el temor me baña
> la frente de sudor cuando lo pienso.
> De la llorosa tierra surgió el viento,
> una luz roja fulguró en el aire
> que turbó totalmente mis sentidos,
> y caí como un hombre soñoliento.[1]

Y otro caso análogo y ejemplar concluye el Canto V (v. 142): «Y caí como un cuerpo muerto cae» («*E caddi come corpo morto cade*»). Un verso perfecto, como señaló Borges, porque se oye el eco, el estruendo, de la caída mediante un artificio técnico que pasa casi inadvertido pero que perdura en el oído del lector: la repetición, en la apertura y en el cierre del verso, del verbo *cadere*.[2]

---

[1] Trad. José María Micó, Barcelona, Acantilado, 2018. Se usa esta edición de la *Comedia* para todas las citas de la obra de Dante. (*N. del T.*).

[2] «Recordaré también el famoso verso final del Canto V del Infierno: *e caddi come corpo morto cade*. ¿Por qué

Cesare Lombroso planteó la hipótesis de que Dante padecía epilepsia, pero esos desmayos y ataques de letargo, en su dinámica, no deben confundirse con la epilepsia que Dante retrató tan conscientemente en la *Comedia*.[1] Muchos médicos e investigadores han estudiado con atención[2] todas las apariciones de fenómenos similares en la *Comedia* y en el resto de sus obras y puede decirse que Dante es, en cierto modo, el poeta de los trastornos del sueño.[3] Algunos es-

―――――――――

retumba la caída? La caída retumba por la repetición de la palabra "cae"». J. L. Borges, *Nueve ensayos dantescos*, *op. cit.*

[1] «Igual que aquel que cae sin saber cómo, | ya porque algún demonio lo derriba | o un ataque imprevisto lo domina, | y al levantarse observa descompuesto | la gran tribulación que ha padecido, | y mira alrededor y al fin suspira, | así aquel pecador volvió a su estado» (Infierno, XXIV, vv. 112-118).

[2] Hoy disponemos incluso de una *Commedia* comentada con notas histórico-médicas de gran utilidad a cargo de Donatella Lippi (Fidenza, Mattioli 1885, 2009-2011).

[3] *Cf.* Giuseppe Plazzi, «Dante's description of narcolepsy», *Sleep Medicine*, noviembre de 2013, 14 (11), pp. 1221-1223. Dante representa tres tipos de sueño en la *Comedia*: un sueño natural, un sueño no natural y un sueño imprevisto. La bibliografía es amplísima. *Cf.* también: Antonio Perciaccante, «Dante Alighieri: evidence for

tudiosos han llegado a afirmar que la patología que padecía no era ciertamente epilepsia, sino muy probablemente síncopes reflejos recurrentes, disfunciones cardíacas, taquicardias paroxísticas y narcolepsia.

Este último término fue acuñado a finales del siglo XIX por el francés Jean Baptiste-Édouard Gélineau y su descripción es muy similar a los relatos de Dante: agotamiento, alternancia continua entre estados de sueño, alucinación y vigilia, cataplejía (es decir, pérdida del tono muscular con posibilidad de colapsos repentinos y parálisis breve), a menudo como respuesta a emociones fuertes.

sleep disorder-related cardiac autonomic dysfunctions», *The Lancet, Respiratory Medicine*, enero de 2017.

TRASTORNOS
DEL CORAZÓN

Tras su segundo encuentro con Beatrice, a la edad de dieciocho años, Dante cae enfermo. Su «espíritu natural» comienza a verse «impedido» en sus acciones, no piensa más que en ella y al poco tiempo se vuelve tan «débil y de flaca naturaleza» que muchos de sus amigos se disgustan al verlo. Sienten curiosidad, quieren saber qué le pasa, le preguntan: «¿Por causa de quién así te ha aniquilado Amor?». Y a sus espaldas susurran: «Mira a la mujer que es causa del aniquilamiento de éste».[1]

Para acallar las malas lenguas y proteger la reputación de Beatrice de las habladurías, Dante hace creer a todo el mundo que está interesado en otra persona. El escenario del equívoco es una iglesia en la que se canta en alabanza de la Virgen María: Dante busca a Beatrice con la mirada, pero «una hermosa dama de agradabilísimo aspecto» se sienta entre ellos y todos creen

---

[1] Dante, *La vida nueva*, *op. cit.*, pp. 53-54.

que es a ella a quien mira. Dante aprovecha el malentendido para salvar su secreto. La desdichada será una *mujer pantalla* y Dante se escudará tras ella durante «algunos meses y años». Pero en asuntos del corazón el suyo es un mal ejemplo y provoca reveses catastróficos: la adoración idolátrica que reserva a Beatrice es unilateral, y cuando repite la impostura con una segunda *mujer pantalla*, las cosas salen tan mal que Beatrice le retira el saludo.[1]

Dante es un amante rechazado, el desafortunado artífice de la mayor ilusión amorosa jamás concebida. Si ideó y escribió la *Comedia*, lo hizo para hacer realidad esa ilusión: la poesía es el único territorio donde puede reencontrarse con Beatrice y amarla en libertad. La suya es una narrativa compensatoria: lo que nunca ocurrió sólo puede darse en el espacio de la ficción imaginaria y poética.

Pero lo que nos interesa son los efectos que este amor infeliz tiene sobre su salud. Obligado a ocultar sus sentimientos, Dante escribe este soneto doble:

[1] *Ibid.*, p. 54.

Vosotros, que de dar amor corréis la vía,
mirad si hay pena impía
que se equipare con mi pena grave.
Escuchad mi dolor, mi alma lo ansía,
y en vuestra fantasía
ved cual soy del dolor albergue y clave.

   Dióme Amor por su mucha cortesía
(y no por virtud mía)
una vida tan dulce y tan suave
que a menudo la gente que venía
detrás de mí decía:
«¿Por qué tal gozo en este pecho cabe?».

   Mas, ¡ay!, que ya he perdido el ardimiento
que un tiempo procedió de mi tesoro;
y tanto lo deploro
que aun para hablar no tengo atrevimiento.

   Mostraré, como aquellos con desdoro
que celan por vergüenza su tormento,
por fuera gran contento,
mientras por dentro me destrozo y lloro.[1]

Se trata de un profundo testimonio del mal
de amor. Dante afirma que es morada[2] y llave de

---

[1] *Ibid.*, pp. 56-57.
[2] Hay un precedente, un verso de Guittone: «*eo, lasso, ostal d'ogne tormento*». *Cf.* Dante, *Opere*, vol. I, Milán, Adelphi, 2003.

todo dolor, confiesa que ha perdido toda su audacia, que si en el exterior manifiesta alegría, por dentro, en su corazón, suspira y llora. Es el carcelero de sí mismo: es la cárcel, pero también la llave para salir de ella. Existe una correlación muy estrecha entre el amor y la enfermedad: el amor, dirá unos años más tarde a través de la voz de Francesca, es el «mal perverso», una patología, y todas sus dolencias provienen de un órgano muy concreto: el corazón, son descompensaciones cardíacas. En el capítulo xiv de *La vida nueva*, animado por un amigo en la celebración de una boda en la que están reunidas muchas mujeres, bosqueja clínicamente una alteración del ritmo cardíaco:

Parecióme sentir un extraño temblor que empezó en el lado izquierdo de mi pecho y recorrió súbitamente todas las partes de mi cuerpo.

Me apoyé disimuladamente en una pintura que circundaba aquella estancia, y temeroso de que reparasen los demás en mi temblor, levanté los ojos, y poniéndolos en las mujeres, vi entre ellas a la gentilísima Beatrice.[1]

[1] Dante, *La vida nueva*, *op. cit.*, pp. 71-72.

Su amigo le coge de la mano y le pregunta qué le pasa; Dante le responde que ha estado a punto de morir. El «extraño temblor» que ha sentido en el lado izquierdo de su pecho y que ha afectado a todas las partes de su cuerpo es una evidente crisis taquicárdica. Dos párrafos más adelante, utiliza otros adjetivos inequívocos: se dice que está «pálido»,[1] embotado. Cuando el Amor le asalta o él se acerca a Beatrice, la vida casi le abandona. Palidece. Es todo fragilidad:

> mas no bien por mirar alzo la vista,
> comienza en mi interior un terremoto,
> y huye de mí, despavorida, el alma.[2]

La expresión es recurrente: en el capítulo xv habla del «estado del corazón por las señales de mi rostro».[3]

Más adelante, se resiente su salud: durante nueve días se apodera de él una «dolorosa enfermedad» y una «amarguísima pena»,[4] un trastorno del sueño tan fuerte que cae en una espe-

---

[1] *Ibid.*, p. 77: «Cuando esta lucha amorosa me combatía de tal suerte, yo procuraba, completamente pálido, buscar a esta mujer».

[2] *Id.*   [3] *Ibid.*, p. 76.   [4] *Ibid.*, p. 95.

cie de delirio e imagina la muerte de Beatrice (XXIII). Otras mujeres le despiertan diciéndole «No duermas más, no te desconsueles».[1]

Este viaje a través de todas las anomalías del ritmo cardíaco y los ciclos del sueño es una especie de circunnavegación emocional del músculo principal de la vida. Podríamos atribuir a Dante lo que Sciascia atribuía a su adorado Stendhal, a saber, el conocimiento «total y absoluto» del corazón humano,[2] y no creo que se equivocara al calificar su poesía de «taquicárdica», generada por un estado de fibrilación auricular, capaz también de generar una condición semejante en el lector. Habría que analizarlo con las mismas pruebas de diagnóstico que se emplean en un paciente cardiaco. Si pudiera representarse gráficamente en un papel cuadriculado, no diferiría mucho de un «cardiograma» en el que se registran el pulso y la frecuencia: parecería una onda que se desplaza a lo largo de un espectro.

Otro poeta, Ósip Mandelstam, afirmó que la poesía de Dante tenía afinidades con la teoría

[1] *Ibid.*, p. 99.
[2] *Cf.* Leonardo Sciascia, *El adorable Stendhal*, trad. Alejandro Manara, Buenos Aires, Adriana Hidalgo, 2008.

ondulatoria del sonido y la luz, y que en el tercer canto de la *Comedia* podíamos asistir a un «auténtico ballet cinético».[1] Una danza luminosa, hecha de espejos y lentes convexas,[2] como si la *Comedia* fuera un cristal, un poliedro de trece mil caras, capaz de descomponerse continuamente en entidades moleculares a lo largo de la escala de lo infinitesimal, inventando todas las retículas y ejes de simetría, los índices de refracción y el juego de la luz, para reagrupar luego cada átomo bajo una nueva forma. Algunos estudiosos y médicos, haciendo hincapié en la primacía que Dante concede en los cánticos segundo y tercero a la música y a la luz, han comparado la poesía del Purgatorio con la musicoterapia («aquí suenan canciones», a diferencia de los horrísonos lamentos que pueblan el Infierno), y la del Paraíso, con la helioterapia.

El canto y la luz pueden embriagar, sanar.

---

[1] Ósip Mandelstam, *Coloquio sobre Dante*, Barcelona, Acantilado, 2004, p. 81.
[2] *Id.*

UN PROFUNDO
DESEQUILIBRIO INTERIOR

El primero que necesita sanar es, por tanto, el propio Dante.

Mandelstam habla de un «profundo desequilibrio interior»:[1] Dante era capaz de pasar «del prodigioso paroxismo de la alta autoestima a la convicción de su propia insignificancia».[2] Su vida está tremendamente desequilibrada, atravesada por un malestar que reverbera en todos los ámbitos, desde el amor a la política, pasando por su papel en la estructura jerárquica social o familiar. El único remedio que logra encontrar contra esa escalofriante oscilación existencial son las evasiones oníricas, sus «encuentros imaginarios».

De esa oscilación, de esa dificultad de encontrar un lugar propio, de recuperar un contrapeso existencial, Dante obtiene la esencialidad y la fuerza lapidaria de sus versos, el único medio que le garantiza la supervivencia y la superación

[1] Ó. Mandelstam, *Coloquio sobre Dante*, *op. cit.*, p. 25.
[2] *Id.*

de sus crisis, la expresión de su aterradora irreconciliabilidad con el mundo. Hay en él como una necesidad de hacer a toda prisa, una urgencia de intervenir, de condensar.

Leopardi señaló en el *Zibaldone* que el estilo de Dante es tan eficaz «porque cada palabra suya es una imagen».[1] Las palabras de Proust también se pueden aplicar a Dante: el estilo no es una cuestión de técnica, sino una cualidad de la mirada.[2] Dante—insiste Leopardi—nos hace ver en un terceto lo que Ovidio describe en una página. Le bastan dos trazos, una pincelada: «no sólo pinta sin describir [...] sino que talla y esculpe ante la mirada del lector sus propias ideas, conceptos, imágenes, sentimientos».[3] T. S. Eliot también destacó «la imaginación visual» de Dan-

---

[1] Giacomo Leopardi, *Zibaldone de pensamientos* (3 de noviembre de 1821).

[2] «El estilo no es en absoluto un adorno como algunos creen, ni siquiera es una cuestión de técnica, es—como el color para los pintores—una cualidad de la mirada, la revelación del universo particular que cada uno de nosotros ve, y que los demás no ven». *Cf.* «Swann spiegato da Proust», en: Marcel Proust, *Scritti mondani e letterari*, Turín, Einaudi, 1984, p. 509.

[3] Giacomo Leopardi, *Zibaldone de pensamientos* (29 de junio de 1822, día de San Pedro).

te,[1] y su capacidad para representar la filosofía de la época «no como una cuestión de debate, sino como una cuestión de visión»,[2] algo percibido, encontrando así su equivalente poético. Dante quiere hacerse entender. A veces se interrumpe a sí mismo, como en el Canto XI del Paraíso (v. 73), para explicarse mejor y aguardar al lector: «Pero para seguir más claramente…».

Su sanación consiste en dedicarse a la palabra poética.[3] Palabra apasionada pero firme, agria pero enamorada, lúcida, transparente y en cada verso necesaria, eficaz. Su banco de artesano se compone de pocas herramientas: pocas metáforas o símiles, nada de sofisticación. Un lenguaje audaz, temerario y, sobre todo, preciso: Dan-

[1] *Cf.* T. S. Eliot, «Dante (II) 1929», *op. cit.*, p. 24. [«Dante», *op. cit.*, p. 185].

[2] *Cf.* T. S. Eliot, «Dante (I) 1920», *op. cit.*, p. 6.

[3] Como explicó en su discurso de entrega del Premio Nobel: «Por consiguiente, no es que el arte, en particular la literatura, sea un producto secundario del desarrollo de nuestra especie, sino justo lo contrario. Si lo que nos distingue de otros miembros del reino animal es el habla, entonces la literatura—y en particular la poesía, que es la más alta de las locuciones—es, para decirlo brutalmente, la meta de nuestra especie», Joseph Brodsky, «Rostro inusual. Discurso de recepción del Premio Nobel», trad. Tomás Segovia, *Vuelta*, abril de 1988, p. 13.

te se afana en comunicar la fisicidad de la experiencia, incluida la experiencia mística, y combina siempre la realidad con el sueño o el pensamiento, siempre en clave de visión:

> Trashumanar no puede definirse
> *per verba*, y el ejemplo anterior baste
> a quien merezca un día la experiencia.
> (Paraíso, I, vv. 70-73)

Un lenguaje antiliterario, sucio, pero vivo, un lenguaje alejado del cartón piedra, que tuvo uno de sus renacimientos más eficaces en el chispeante toscano de Collodi en *Pinocho*. También el estilo de Collodi es «pura velocidad»:[1] una re-

---

[1] *Cf.* Daniela Marcheschi, «Note ai testi», en: C. Collodi, *Opere*, Milán, Mondadori, 1995, p. 948. Daniela Marcheschi se refiere a uno de los «relatos escuetos e inconexos» de *Pinocho* y comenta que «*todo pivota sobre la velocidad*, sobre la construcción de cadenas sintácticas paradójicas, sobre repeticiones insistentes, sobre paralelismos, sobre enlaces paratácticos hasta el amargo final, en un exceso de conjunciones copulativas (o manifiestamente relativas), en la alteración de los planos cronológicos y en la estimulante yuxtaposición de cosas lógicamente distantes», aunque su aguda observación quizá pueda extenderse a todo el estilo de Collodi.

lación descuidada pero quizá más estrecha de lo que pensamos, desde el Canto XIII del Infierno (vv. 31-36), parece prefigurar el nacimiento de Pinocho:

Tendí entonces la mano y arranqué
un breve brote de un enorme arbusto
y su tronco exclamó: «¿Por qué me tronzas?».
    Le brotó entonces una sangre oscura
y me volvió a decir: «¿Por qué me arrancas?
¿Ni brizna de piedad queda en tu espíritu?».

«No me golpees tan fuerte», protesta el trozo de madera, en el taller del maestro Ciliegia, la primera vez que le oímos hablar, añadiendo poco después: «¡Ay! Me has hecho daño!».

Incluso del terrible castigo final de los suicidas que sigue al Juicio Final—serán los únicos que no podrán regresar a sus cuerpos, y tendrán que colgarlos del árbol en el que se han convertido durante toda la eternidad—, hay un eco en los «espasmos agudos» de la marioneta collodiana que cuelga de una rama del Gran Roble y se entrega al viento del norte «como el badajo de una campana que repica en la fiesta».

CON MI LENGUA
A LA GENTE ENAMORARA

Cuando en otro capítulo de *La vida nueva* las mujeres le preguntan: «¿Con qué fin amas tú a esta tu dama, si no puedes soportar su presencia?», Dante responde que la plenitud de su amor está ya completa al recibir su saludo, porque en ese saludo «se cifraba toda la felicidad, que era el término de todos mis deseos».[1]

Pero a las mujeres no les convence del todo su respuesta y una insiste: «Ruégote que nos digas dónde se encuentra esta tu felicidad». Y entonces Dante se descubre: «En las palabras de alabanza a mi amada».[2] Una alabanza que tendrá su plenitud artística en el Canto XXX del Paraíso (vv. 28-33), en el que Dante resumirá toda su historia poética:

Desde el día en que vi por vez primera
su rostro hasta el momento que aquí explico,

---

[1] *La vida nueva, op. cit.*, p. 79.
[2] *Id.*

mi canto no ha tenido interrupciones;
  pero ahora es necesario que desista
de alcanzar su belleza con mis versos,
como cualquier artista al ver su límite.

Las palabras son el lugar de la dicha, y en particular las palabras que hablan de amor. Dante siempre lo ha declarado así:

  Mujeres, que tenéis de Amor idea,
  con vosotras hablar de mi bien quiero,
  no porque su alabanza agotar crea,
  mas para dar alivio así a mi mente.
  Cada vez que sus méritos pondero,
  Amor me hace sentir tan dulcemente,
  que, si no porque audacia me faltara,
  con mi lengua a la gente enamorara.[1]

Es el canto del amor desinteresado, que culmina en una confianza sin límites en el poder seductor de las palabras: «con mi lengua a la gente enamorara». En italiano «*farei parlando innamorar la gente*» es un verso de factura acrobática, construido con tres verbos declinados en tres

[1] *Ibid.*, p. 81.

tiempos diferentes y dispuestos musicalmente en el espacio: condicional, gerundio e infinitivo. Dante logra así una sensación de movimiento casi fluvial. Nos arrastra, nos transporta. Éste es el camino, como escribió Saba, que lleva de la Melancolía a la Dicha, un camino hecho de endecasílabos. Construirlo es lo que hace el poeta con sus palabras, porque el valor (la *audacia*) que le falta en la vida y que en la vida le obliga a tartamudear, a esconderse, a mostrarse torpe e intimidado, al menos en cuestiones de amor, puede desplegarse sin embargo en la escritura en versos tan temerarios que hasta se atreven a representar el más allá y los reinos celestiales.

La poesía es el lugar donde se pierde todo miedo. Siempre he admirado la vida de los poetas, tan desbordante, tan arriesgada, decía Roberto Bolaño. Su riesgo—mortal, siempre, cuando se trata de grandes poetas—se encuentra precisamente en el manejo de las palabras, capaces de ser más explosivas que cualquier bomba.

Con la destreza de un artífice moderno, Dante ilustra y comenta sus sonetos y cantos al final de cada párrafo de *La vida nueva*, los divide en partes, explica su sentido y su intención: quiere mostrarnos su dominio técnico, quiere demostrar que nada es casual, que es consciente de todo: aliteraciones, anáforas, polisíndeton, encabalgamientos. En la *Comedia*, se convertirá en un maestro de esto mismo, «el mejor forjador de hablar materno»,[1] el artesano más hábil en su oficio.[2] «Sería grande vergüenza para aquel que rimase empleando figuras y colores retóricos que, preguntado, no supiese despojar sus palabras de aquellos adornos a fin de que se conociese su verdadero sentido»; cuántos poetas conoce que «riman tan estúpidamente».[3]

Gracias a ese dominio, Dante plantea el anuncio de la muerte de Beatrice con una perfecta progresión narrativa: su malestar, la pesadilla y el presagio, a continuación la muerte de la amiga

---

[1] Purgatorio, XXVI, v. 117. Con esa expresión Dante elogia al poeta provenzal Arnaut Daniel. Por su parte, T. S. Eliot la usará en su dedicatoria de *La tierra baldía* a Ezra Pound.

[2] En su última conferencia sobre Dante (1950), Eliot dijo que «entre los poquísimos poetas de similar estatura, no hay ninguno, ni siquiera Virgilio, que haya sido un estudioso más atento del arte poética o un practicante más escrupuloso, entregado y consciente del oficio», T. S. Eliot, «Lo que Dante significa para mí», en: *La aventura sin fin*, *op. cit.*, p. 432.

[3] *La vida nueva, op. cit.*, p. 111.

de Beatrice y la de su padre, Folco Portinari, y finalmente la trágica noticia. Sin embargo, Dante evita relatar el acontecimiento en sí. Lo oculta o, más bien, lo congela.

El acontecimiento central del libro queda así hibernado, silenciado. Dante sólo enumera sus efectos: nos habla de su llanto, de sus suspiros de angustia, del conocimiento del sufrimiento que encoge su corazón dondequiera que esté y le hace envidiar a los que mueren. «Partida mi gentilísima amada de este mundo, quedó la ciudad como viuda y de toda dignidad despojada»;[1] su canto lastimero queda «desconsolado». Lo único que le consuela es imaginar cómo la gentileza de Beatrice, con su luz, asombra ahora hasta a los mismos ángeles.

Dante está conmocionado, y «transcurrido algún tiempo» permanece pensativo, presa de un «terrible decaimiento». Sólo tras la aparición de una «gentil mujer» y otros afanes, hará la promesa final a Beatrice, casi una profecía, «decir de ella lo que no fue dicho jamás de otra alguna».[2] Una promesa cumplida en la *Comedia*: la «admirable visión» concluirá en el Canto XXXI del Pa-

---

[1] *Ibid.*, p. 122.   [2] *Ibid.*, p. 152.

raíso (vv. 70-72), cuando la vea por última vez:

> Sin responder siquiera, alcé mis ojos
> y la vi: se ceñía una corona
> que reflejaba los eternos rayos.

Dante ha aprendido la lección de Orfeo, sabe que nadie puede ser arrancado de la muerte, tal vez sospecha que Orfeo fue también consciente de esta verdad, y que por ese motivo se volvió hacia Eurídice apenas a un metro de su meta: el pacto con los dioses era un fraude, sólo el arte puede arrancar a alguien de la muerte y vencer al Tiempo y al Olvido. Lo único que se le puede conceder es una última mirada, la última sonrisa de Beatrice.[1] Así concluye el tratado juvenil sobre el amor y sus penas en el que había experimentado el uso de la primera persona y el poder taumatúrgico de sus versos, y comienza aquí otro capítulo, que podríamos denominar con una expresión que empleaban los poetas de la época y que Dante anticipa en uno de sus últimos sonetos, «la cualidad de mi oscura vida».

---

[1] De ese modo tituló Borges el último de sus *Nueve ensayos dantescos.*

58

Pero es con este otro soneto con el que quisiera despedirme de *La vida nueva* (XXVI):

Tan hermosa y honesta mi elegida,
cuando saluda a alguien, aparece,
que la lengua se traba y enmudece
y aun la vista se humilla sorprendida.
    Y si escucha alabanzas, revestida
de humildad, en silencio desaparece,
y más que una mujer, visión parece
desde el cielo a la tierra descendida.
    Tan afable se muestra a quien la mira,
que infunde al alma su mirar sereno
dulzores de que nunca tuvo idea,
    y en sus labios parece que aletea
un espíritu suave, de amor lleno,
que va diciendo al corazón: «Suspira».[1]

---

[1] *La vida nueva, op. cit.,* p. 112.

LA POESÍA SANADORA

Más que el mito de la mujer sanadora, como se definió el modelo estilnovista de la mujer-ángel, deberíamos hablar de «poesía sanadora» en el caso de Dante. Su confianza en la palabra poética, en la palabra «embellecida», como él denomina a la de Virgilio, es absoluta. Ungaretti lo define como un fanático de la justicia y de la palabra poética. La poesía es «el primer modo de conocer del hombre»[1] y la palabra tendrá para Dante «el valor de signo ascendente del intelecto y de fuerte instrumento de la pasión moral».[2] «Empieza a ser hombre, a ser poeta, cuando ha logrado cierta luz en sí mismo».[3]

Sólo la poesía, conviene repetirlo, más que la filosofía, más que la religión y que cualquier otra disciplina, puede conducir al hombre a la

[1] Giuseppe Ungaretti, «Commento al canto primo dell'Inferno (1952)», en: G. Ungaretti, *Vita d'un uomo. Saggi e interventi*, ed. Mario Diacono y Luciano Rebay, Milán, Mondadori, 1974, p. 370.
[2] *Ibid.*, p. 371.   [3] *Ibid.*, p. 374.

salvación, a la Dicha y, por tanto, en última instancia, a la Salud. En *El convivio*—citando a Ovidio—, Dante nos muestra cómo Orfeo domaba a las fieras y a los árboles con su cítara, cómo conmovía hasta a las piedras: la poesía «amansa y subyuga los corazones crueles», convierte en dóciles y humildes hasta los corazones más fríos, y conmueve hasta los corazones de quienes carecen de «vida de ciencia y de arte» y «son casi como piedras».[1] Por eso su primer guía en la *Comedia*, el primer médico y terapeuta, el sostén en el que Dante se apoya, la nave y el navegante sin los cuales su viaje no habría podido emprenderse, sólo puede ser un poeta—el más amado y admirado entre los poetas—, Virgilio, «el único de quien he asimilado | el elevado estilo que me honra» (Infierno, I, vv. 86-87), el «noble y sapientísmo maestro» (Infierno, VII, v. 3), el cantor de los náufragos y los sin tierra.

Virgilio es el poeta que escribió la historia de un exiliado, y, como señala Ungaretti, es precisamente la sombra de Eneas la que se extiende

---

[1] Dante Alighieri, *El convivio*, trad. C. Rivas Cherif, Madrid-Barcelona, Calpe, 1919, Libro II, 1, 1-9, p. 54.

al comienzo de la *Comedia*.[1] Sombra entre sombras, náufrago entre náufragos, fugitivo por el destino y del destino, Eneas es el espejo de la condición de Dante, el prófugo predestinado: un perdedor, un perseguido, que, sin embargo, tendrá el privilegio de entrar vivo en el Hades. Es el antepasado que le precede, junto con Orfeo, Ulises y san Pablo, en su descenso a los infiernos.

Parafraseando a Tabucchi, la *Comedia* es el diario de un náufrago, y un gran libro «sobre naufragios, existenciales, psicológicos, todo tipo de naufragios».[2] Comienza en la hora que sigue a un naufragio, una hora desierta, «una hora sin historia»,[3] fuera del tiempo: el náufrago aún no se ha recuperado de la tempestad, está «lleno de sueño», emerge de la noche, dice Ungaretti, que nació cerca de un desierto: está «impregna-

---

[1] G. Ungaretti, «Commento al canto primo dell'Inferno (1952)», *op.cit.*, p. 386.

[2] Así había definido Tabucchi uno de sus «libritos», *Donna di Porto Pim* [*Dama de Porto Pim*], a Graham Fawcett en una entrevista para *The Independent* en 1991. *Cf.* Antonio Tabucchi, *Opere*, ed. Paolo Mauri, Milán, Mondadori, 2018, p. 1519.

[3] G. Ungaretti, «Commento al canto primo dell'Inferno (1952)», *op. cit.*, p. 371.

do de noche», está «intimidado por el horror».[1] Todo es ciego, y mudo. Y la palabra que se repite como un péndulo, como el tañido de una campana, en tres ocasiones, es la palabra *miedo*.

Releído ahora, el arranque de la *Comedia* se nos presenta fuera de la Historia y, sin embargo, siempre en relación con la Historia: somos aquellos «entre los que están suspendidos», los hombres en movimiento, aquellos que viajan (*homo viator*) hacia una patria perdida en la oscuridad de la noche o en el desierto aterrador de una pandemia planetaria, en el umbral o ya inmersos en la guerra.

[1] *Ibid.*, p. 372.

EL INFIERNO
ES UN SANATORIO

El espacio de la *Comedia*, y sobre todo el del Anteinfierno, podría imaginarse como la sala de espera de una enorme planta de urgencias. Un centro médico, de forma circular, al que se accede mediante un proceso de clasificación y ordenación, según el sistema de *triage*: identificación de la culpa, código de gravedad, subdivisión y traslado. Alberga la misma inquietud contenida, ese estar de pie o sentado, ansioso e incómodo, esperando el propio turno, interrumpido sólo por un impaciente paseo de vez en cuando.

El infierno es, ante todo, un lugar despojado del cielo.

> Suspiros, llantos, quejas y alaridos
> llenaban aquel aire sin estrellas,
> y mi primera reacción fue el llanto.
> (Infierno, III, vv. 22-24)

Un lugar «sin estrellas», donde el deseo sobrevive pero ya no puede satisfacerse, en consonancia con la etimología de esa palabra, compuesta por el prefijo privativo *de-* y el término *sidereus*, relativo a las estrellas. *De-sidereus*, 'deseo', significa literalmente la ausencia, la pérdida, del cielo estrellado. Y *estrellas* es la palabra que cierra los tres cánticos: «Y por allí salimos a contemplar de nuevo las estrellas», el Infierno; «y dispuesto a subir a las estrellas», el Purgatorio; «del amor que mueve el sol y las demás estrellas», el Paraíso. Las estrellas, ausentes al principio, vuelven a brillar en la lejanía, se convierten luego en punto de llegada y, finalmente, quedan impregnadas también de amor.

«Oh, cuántas veces | —como ahora de nuevo— [...] | partí de Melancolía | y llegué por ese camino hasta la Dicha». Pero para «contemplar de nuevo las estrellas» es preciso emprender primero el viaje al reino de las sombras, la *Nekyia*, ese descenso que, como nos muestra Giacomo Debenedetti, todo *humano personaje* debe atravesar para descubrir su destino, incluso el personaje o archipersonaje de Dante: «la historia de la epopeya de toda novela resuelta en plenitud es la historia de la forma y ubicación de estos infiernos».[1]

[1] *Cf.* Giacomo Debenedetti, «Personaggi e destino», en: *Il personaggio-uomo*, Milán, Garzanti, 1998, p. 124.

El Infierno de Dante es el lugar de las «gentes condenadas, las que han perdido el bien de la razón» (III, vv. 17-18). El «mundo ciego», la «prisión ciega».[1] Un lugar cerrado, sin salida, sin luz, antiestético. Un campo de prisioneros, duro, fangoso, compuesto de círculos y más círculos, pantanos batidos por el viento y la lluvia, caminos «salvajes» que sólo podrían representarse mediante «rimas ásperas y hurañas», estridentes, antimusicales: un río de sangre, un bosque de prunos, un arenal ardiente, un lago helado. Eliot lo dijo mejor que nadie: «el infierno no es un lugar, sino un estado».[2] Y en el infierno acechan todo tipo de aflicciones, patologías y psicopatías.

Dante conocía la psique humana tan bien como el cuerpo. Tenía conocimientos de medicina, probablemente había asistido a clases de anatomía en Bolonia. Siempre describe con precisión los síntomas y efectos de las enfermedades, como en el caso de la malaria o la sarna, la fiebre cuartana o la lepra. En un acróstico inter-

[1] Al principio de la *Eneida*, Virgilio habla de la «severa prisión» de los vientos sobre la que reina Eolo.
[2] T. S. Eliot, «Dante (II) 1929», *op. cit.*, p. 32. [«Dante», *op. cit.*, p. 199].

no del Canto XVIII del Paraíso, se aprecia la palabra *lue*, 'peste'. Toda la *Comedia*, y en particular el primer canto, es una enciclopedia médica. Hace un siglo, un médico siciliano, Salvatore Saitta, trató de leer el Infierno desde el punto de vista de las dolencias de la psique, como un asombroso compendio de psiquiatría.[1] Un gigantesco sanatorio donde ejercer la observación clínica y catalogar todas las neurosis colectivas, las manías delirantes y alucinatorias, las formas convulsivas, las anormalidades y perturbaciones del alma.

Los abúlicos, los «pobres miserables (que no vivieron, en verdad)» (Infierno, III, vv. 64-65), muestran en el Anteinfierno todos los signos de un estado depresivo y melancólico: abulia motora, rasgos catatónicos, extrañas fijaciones, inercia moral. Muchos de los condenados, como los perezosos, los avaros y los pródigos, pueden considerarse en cambio frenasténicos, apáticos o eretísmicos, es decir, indiferentes o excitados. Los suicidas son melancólicos o sufren de ma-

---

[1] Salvatore Saitta, *Le psicopatie nella Divina Commedia* (Conferencia), Catania, Vincenzo Giannotta editore, 1921.

nía persecutoria: «abren a su dolor llaga y salida». Capaneo es un *paranoico de la grandeza*. En el Canto XXIV, se describe un ataque epiléptico[1] como un caso de locura moral: Vanni Fucci es un ladrón y un antisocial.

Pero sería demasiado largo enumerar aquí todos los delirios y trastornos agudos de la conciencia, como la demencia. Las psicopatías tampoco son los únicos síndromes que pueblan el Infierno. Además de los trastornos del habla, Dante describe también trastornos del movimiento, de la alimentación, de la vista, de la piel, hasta trastornos neurológicos como la epilepsia, la tortícolis espasmódica o la distonía cervical.

Estas «nuevas penas» se describen al principio del Canto XX (vv. 1-24): los condenados lloran en el «valle», pero al revés, porque tienen la cara girada hacia la espalda. «Quizá haya alguien que por la parálisis», una inmovilización, piensa Dante, se haya visto reducido a ese estado, pero él no cree que ésa sea la razón. Eso le conmueve tanto que se dirige de nuevo al lector:

[1] Véase la nota 29.

Si Dios, lector, permite que aproveches
esta lección, discurre por ti mismo
si pude mantener seco mi rostro
al ver de cerca nuestra humana imagen
tan retorcida, que sus tristes lágrimas
bañaban la rendija de las nalgas.

Se trata de los «adivinos y encantadores»: las lágrimas les ruedan por la espalda hasta las nalgas. Es el castigo por haber tenido en vida la insolencia de mirar demasiado hacia adelante. Los médicos y estudiosos lo han llamado el síndrome de Manto, en honor a la adivina que Dante describe en ese canto: una forma de tortícolis eterna e incurable.

TRASTORNOS
DEL HABLA Y LA VISTA

Pero los trastornos más numerosos son los relacionados con la comunicación. Como observa Mandelstam, Dante parece haber estudiado todos los defectos y taras del lenguaje: los tartamudos, los ceceosos, los gangosos o quienes no pronuncian claramente algunas letras.[1] La lengua del gigante Nembrotto, que ayudó a construir la torre de Babel, es incomprensible para cualquiera, tal vez una variante del hebreo, «*Raphèl maì amècche zabì almi*» (Infierno, XXXI, v. 67), hasta el punto de que Virgilio le dice:

> Dejémoslo, no hablemos más en vano,
> que él entiende la lengua de los otros
> cual los demás la suya, que es ignota.
> (Infierno, XXXI, vv. 79-81)

Entre errores (lapsus, malentendidos), ejercicios de precisión y atención al detalle, silencios,

[1] Ó. Mandelstam, *Coloquio sobre Dante, op. cit.*, p. 73.

reticencias, disimulos, Dante pone en escena todos los códigos de transmisión posibles. Hace cantar al poeta Arnaut Daniel tres tercetos en provenzal y en otros pasajes utiliza el latín o el hebreo. No siempre informa de lo que conversa con Virgilio:

> Fuimos hacia la luz tratando cosas,
> que es hermoso tener aquí en silencio.
> (Infierno, IV, vv. 103-104)

o bien:

> Así de puente en puente, conversando
> de cosas que no canta mi comedia.
> (Infierno, XXI, vv. 1-2)

Para Dante, la boca es uno de los órganos más importantes porque es la sede del habla. También para Mandelstam, la relación entre comida, vergüenza y habla es un tema que debería investigarse más a fondo.[1]

En el lugar más miserable, frío y pedregoso del Infierno, el círculo de Malebolge, Dante pone en

---

[1] *Ibid.*

primer lugar a los proxenetas, a los seductores, a los aduladores, a todos aquellos que han engaña-do con el habla. El pecado contra la palabra es el más intolerable y repulsivo, origen de todo des-precio. También es humillante el castigo. Preci-samente por su obstinada fe en la poesía, le des-concierta saber que la palabra, su único medio de salvación, puede convertirse también en cau-sa de condena.

Precisamente por eso, experimentar todas las posibilidades que ofrece el lenguaje significa re-dimirlo de cualquier uso indebido, fraudulento o enfermizo. El suyo no es el virtuosismo estéril y petulante de un equilibrista, sino un homena-je siempre transparente y luminoso, una muestra de reverencia al poder de la palabra, un anticla-sicismo revolucionario. Para Auerbach, «nunca se acercó tanto la mezcla de estilos a la ruptura del estilo».[1]

En algunos pasajes, juega con temeraria ori-ginalidad con rimas y onomatopeyas («*cric*»[2] o

---

[1] E. Auerbach, *Mimesis. La representación de la reali-dad en la literatura occidental*, *op. cit.*

[2] «... *non avrìa pur da l'orlo fatto cricchi*» («ni el más mínimo *cric* en su reborde», Infierno, XXXII, v. 30).

«tin tin»[1]), exclamaciones («Ay» o «Vaya»), barbarismos. Simula el lenguaje de los niños, crea expresiones que se han convertido en idiomáticas como «sin pena ni gloria»[2] o «en carne y hueso».[3]

Es el mayor inventor de neologismos de nuestra literatura, en su mayoría verbos parasintéticos, creados emparejando un prefijo o sufijo con un sustantivo: *s'intrea* (entría), *s'enfutura* (se enfutura), *m'intuassi* (entiase), *t'inmii* (enmías), *trasumanar* (trashumanar). Llega incluso a romper un adverbio al final de un verso («diferentemente»),[4] o a desmontar el propio alfabeto empleando una metáfora para representar la velocidad de una combustión con la *o* y la *i*, dos letras que se marcan con un solo trazo:

---

[1] «*Tin tin sonando con sì dolce nota*» («produce un melodioso tintineo», Paraíso, X, v. 143).

[2] «*coloro | che visser sanza 'nfamia e sanza lodo*» («las almas desdichadas | que sin infamia y sin loor vivieron», Infierno, III, vv. 35-36).

[3] «*L'altr'era come se le carni e l'ossa | fossero state di smeraldo fatte*» («la segunda era toda, carne y huesos, | de color esmeralda», *Purgatorio*, XXIX, vv. 124-125).

[4] «así aquellos corrillos, diferente- | mente danzando, rápidos y lentos» (Paraíso, XXIV, vv. 16-17).

Y en mucho menos de lo que se tarda
en trazar una *o* o una *i* aquel pobre
ardió y cayó en cenizas convertido.
　　　(Infierno, XXIV, vv. 100-103)

O bien:

　　Como las aves que remontan vuelo
en los ríos después de alimentarse
y dibujan bandadas diferentes,
　　así en las luces revoloteaban
y cantaban las santas criaturas,
formando ora una D, o una I, una L.
　　　(Paraíso, XVIII, vv. 73-78)

DIL es el comienzo de la expresión DILIGITE
IUSTITIAM: 'amad la justicia'.

En otro pasaje, utiliza un símil con la M para
retratar las ojeras de los glotones:

　　Como anillos sin piedra eran sus ojos:
quien en los rostros ve las letras de OMO
vería aquí con claridad la M.
　　　(Purgatorio, XXIII, vv. 31-33)

O también «Siete P con la punta de la espada |

trazó sobre mi frente» (Purgatorio, IX, vv. 112-113) el ángel de la guarda: es la letra escarlata que lo marca para indicar los siete pecados capitales, que se desvanecerán a medida que Dante ascienda por la montaña del Purgatorio.

Hay también invenciones, calcos de los clásicos y anticipaciones sorprendentes, como cuando se dirige explícitamente al lector, rompiendo lo que hoy conocemos como «cuarta pared». Lo hace varias veces, seis en el Infierno,[1] y seguirá haciéndolo a lo largo del poema, en cada cántico, en una especie de diálogo ininterrumpido, y siempre de esta forma: «A la verdad aguza bien los ojos, lector» (Purgatorio, VIII, v. 19).[2]

[1] En el Canto VIII, v. 94, con ese «Piensa, lector, cuál fue mi desconsuelo»; en el XIV, vv. 16-18: «¡Oh, venganza de Dios, cuánto te deben | temer todos aquellos que ahora lean | lo que ocurrió delante de mis ojos!»; al final del Canto XVI, vv. 127-130: «y por los versos | de esta comedia, yo, lector, te juro | [...] vi»; en el XX, v. 19: «Si Dios, lector, permite que aproveches | esta lección, discurre por ti mismo | si pude mantener seco mi rostro»; en el XXII, v. 118: «Éste, oh, lector, es un deporte nuevo»; en el XXV, v. 46: «Lector, si eres reacio a darme crédito | en lo que te diré»; en el último, XXXIV, v. 22: «no preguntes, lector, pues no lo escribo».

[2] Otros ejemplos: «Lector, ya ves el modo en que se eleva | mi materia», «Mas no quiero, lector, que desatiendas |

Todo lo que cuenta Dante es cierto y tiene destinatario: toda la *Comedia* está escrita en forma dialogada. Es un diálogo que mantiene con Virgilio, que entabla, de vez en cuando, con las almas que encuentra; y, por último, también con el lector que llegará: para dejar aunque sea una chispa «a la futura gente».[1]

El lector es el primer y más necesario cómplice del autor: es a él a quien Dante confía todas sus dudas, angustias y asombros. Con Dante, el lector entra en la obra—al final habrá dieciséis referencias en total—, y tres siglos más tarde, con el advenimiento de la novela moderna, se convertirá, en *Don Quijote*, en el protagonista (hasta *Hamlet* saldrá a escena leyendo un libro).

Dante también inserta referencias metatextuales a su propia obra:

---

tu mejor intención», «Piensa, lector, si alguna vez la niebla | te pilló en la montaña», «Ya no quiero gastar, lector, más versos», «Imagina, lector, cuál fue mi asombro», «Si yo, lector, tuviese más espacio | para escribir».

[1] «Concédele a mi lengua el poderío | de expresar una chispa de tu gloria, | para que llegue a la futura gente» (Paraíso, XXXIII, vv. 70-72).

Debo contar en verso nuevas penas
del vigésimo canto del infierno,
que da materia a la primera cántica.

(Infierno, XX, vv. 1-3)

Despliega una gran riqueza inventiva en los nombres que asigna a los diablos del estanque hirviente del Canto XXI: Malasgarras, Malacola, Desgreñado, Alicorto, Pisanieves, Perrazo, Barbatiesa, Tramontano, Draguiñapo, Cerdoso, Rascaperros, Duendecillo y Sulfuroso. Un ejemplo más del talante lúdico y cómico-satírico que puede llegar a tener la lengua: este escuadrón de diablos tiene todo el sabor de una divertida burla de todo lo que implica una pose o actitud militar y militarista.

Y además de los trastornos de la lengua, están los de la vista. Dante también está familiarizado con ellos: como Leopardi, se la arruinó a fuerza de leer. En un pasaje del *Convivio* (III, IX, 15-16) señala:

Yo lo experimenté el mismo año en que nació esta canción, que por haber cansado la vista mucho con el deseo de leer, tanto debilité los espíritus visuales que las estrellas parecíanme todas ensombrecidas en

78

su albura. Y con largo reposo en lugares oscuros y fríos, y con refrescar el cuerpo del ojo con agua clara, recobré la virtud disgregada, que volví al primer estado perfecto de la vista.[1]

Son también, esos años de estudio «loco y desesperado» los que siguieron a la muerte de Beatrice. Y los síntomas que escribe denuncian la fatiga ocular o la astenopía acomodativa.[2] Pero ese órgano sensorial se refiere también a menudo a la boca. También las visiones son palabras, voz, alimento, y pueden conducir a una gracia iluminadora.

[1] Dante, *El convivio, op. cit.*, pp. 149-150.
[2] Véanse los apartados «Malattie reali» y «Tra patologia e metafora» en la introducción de Marco Santagata al primer volumen de las *Opere* de Dante, Milán, Mondadori, col. Meridiani, 2011, pp. xlvi-li.

TAXONOMÍA
Y TERAPIA DEL DOLOR

Ronald Melzack, un profesor canadiense de psicología especializado en la investigación del dolor en la Universidad McGill, y su colega estadounidense Warren S. Torgerson, idearon en 1971 un cuestionario para catalogar todos los tipos de dolor humano según una división descriptiva. Recopilaron un total de 78 elementos en 20 grupos según grados de cualidad e intensidad y la esfera sensorial a la que pertenecían, y elaboraron un cuadro sinóptico de todas las percepciones negativas que pueden experimentarse, desde el hormigueo a la presión, desde las náuseas a la congelación y la quemazón, pasando por la asfixia, el corte y la tortura: una verdadera taxonomía del dolor.

En una investigación realizada hace unos años,[1] dos médicos de la Universidad de Siena,

[1] N. Tonelli, R. Marcolongo, «Dante, l'Inferno e il Cuestionario il McGill Pain Questionnaire», *Reumatismo*, 2007, 59 (2), pp. 173-183. Véase también D. Lippi, «La semantica del dolore», introducción al Infierno, en: *La*

N. Tonelli y R. Marcolongo, compararon ese cuadro con las expresiones y descripciones de las experiencias dolorosas en el Infierno. El resultado es sorprendente: sólo un grupo no coincide, el duodécimo, el del dolor nauseabundo y sofocante. Todos los demás están representados, y nada menos que 46 de los 78 términos se encuentran casi textualmente. Es una prueba de la «amplitud de rango emotivo»[1] que, según Eliot, es una de las mayores lecciones de Dante: condenación, expiación, dicha, tres estados emocionales para cada uno de los tres cánticos capaces de registrar y dar cuenta de todas las experiencias posibles.

Con un avance de siglos y la pericia de un especialista, Dante clasifica eso que Donatella Lippi denomina «semántica del dolor»,[2] sin dejar de

Divina Commedia, con notas histórico-médicas de Donatella Lippi, *op. cit.*, y D. Lippi, «Un medico all'inferno», *Toscana Medica*, 2019, n.º 9, https://www.toscanamedica.org/104-le-copertine-di-toscana-medica/935-un-medico-all-inferno.

[1] T. S. Eliot, «Lo que Dante significa para mí», *op. cit.*, p. 433.

[2] D. Lippi, «La semantica del dolore», introducción al Infierno, en: *La Divina Commedia*, con notas histórico-médicas de Donatella Lippi, *op. cit.*

lado ninguna sensación humana. Describe estados de progresiva incapacidad y pérdida de autonomía y traza un orden jerárquico; utiliza los verbos temblar, sacudir, golpear, picar, apretar, llama «rancura»[1] a un penoso tormento: todo sufrimiento es analizado en sus efectos físicos. Está el dolor que rompe y mutila, y el dolor que «desuella y descuartiza»[2], el dolor que «arranca»[3] y el que hiela hasta las lágrimas.[4] Pero, con gran diferencia, lo que priman son las reacciones de miedo. El miedo es la primera enfermedad del hombre y el gran protagonista del poema, el

[1] «Como para aguantar una techumbre | se usa de puntal una figura | curva, con las rodillas en el pecho, | y cuyo falso esfuerzo nos provoca | sufrimiento real, así, al fijarme, | vi que en esta actitud estaban todos» (Purgatorio, X, vv. 130-135).

[2] «Tiene en ascuas los ojos, sucia barba, | enorme el vientre y garras en las manos, | con que desuella y descuartiza almas» (Infierno, VI, vv. 16-18).

[3] «Le brotó entonces una sangre oscura | y me volvió a decir: "¿Por qué me arrancas?"» (Infierno, XIII, vv. 34-35).

[4] «Allí es el llanto el que llorar impide, | pues el dolor quiere salir y topa, | y vuelve a entrar y aumenta la congoja; | forman un nudo las primeras lágrimas | como vísceras de cristal y luego | llenan toda la cuenca de los ojos» (Infierno, XXXIII, vv. 94-99).

hado que nos habita, el mal oscuro y oculto. Es el miedo el que paraliza, congela, bloquea la conciencia, el que impulsa a huir, el que nos recluye en la melancolía y la depresión. Partiendo de ese desconcierto, Dante emprende su viaje, «cuando te abatías» (Paraíso, XXXII, v. 138), hacia las tinieblas en las que se precipita.

La dicha a la que llega no es otra que la liberación, o al menos el deseo de ser liberado, del miedo, de todo miedo, y también de las pasiones terrenas, de las «nieblas de este mundo» (Purgatorio, XI, v. 30). A esta liberación podrían apuntar algunos versos del último canto del poema:

> se va apagando, pero aún destila
> en mi pecho el dulzor que nació de ella.
> Así la nieve se deshace al sol.
> (Paraíso, XXXIII, vv. 62-64)

En definitiva, la escritura de la *Comedia* es su terapia personal frente al dolor. Pero Dante no sólo traza el dolor de naturaleza física o psíquica, la suya es también una gigantesca e inexorable radiografía o tomografía computerizada de un país que sufre los mismos males desde hace siglos. Se estudian todos los aspectos del carác-

ter nacional: el alfabeto del servilismo, el ejercicio de la adulación y la lisonja, la tendencia a la
pereza y al orgullo, la sombría obsesión por la lu-
juria, el espejo de los rumores, la cobardía, la ava-
ricia, la impotencia, la mezquindad, la enfermedad de la envidia. La *Comedia* es un diccionario de todos los defectos de nuestra península:
«Ay, sierva Italia, albergue de dolor», se lamen-
ta Dante en esa célebre invectiva que ha resona-
do con fuerza invariable en distintas épocas y
tiempos. Unos tercetos que vuelven a reverberar
sombríamente cada vez que una tragedia azota
nuestra península, como la del puente Morandi
o la del teleférico Stresa-Mottarone:

Por la ciega codicia que os aqueja
sois como el niño estúpido que muere
de hambre y que despide a su nodriza.
(Paraíso, XXX, vv. 139-141)

EL ARTE DEL CONTEXTO

Para Borges, hacer ficción era ante todo «el arte de manipular contextos».[1] Pero es casi siempre el propio Tiempo el que realiza esos desplazamientos y los consiguientes trastornos semánticos. Cambia el sentido de los clásicos, los altera, los distorsiona a veces. Quién sabe cómo sería la *Comedia* para un habitante de Hiroshima tras la explosión de la bomba. El tiempo siempre otorga nuevas referencias y contenidos inéditos a los interrogantes sobre los que se construye cada libro. En los confines de las bibliotecas, decía también Borges, en mitad de la noche, las palabras se mueven, cambian de ropa, hacen ruido, en un continuo trasiego de significados.[2] Según el lugar o las condiciones en que se lea o se recuerde o, en algunos casos, se tome como modelo, incluso la *Comedia* ha adquirido nuevos ma-

[1] Alan Pauls, *El factor Borges*, Anagrama, Barcelona, 2004, edición digital.
[2] *Cf.* J. L. Borges, *Elogio de la sombra*, Emecé, Buenos Aires, 2005.

tices a lo largo de los siglos. Es el texto de nuestra tradición literaria que más ha demostrado esa sorprendente capacidad metamórfica: ha sabido adaptarse a cada época, cada estación, cada lector, renovando siempre sus argumentos. Frente a los círculos de los «incontinentes», en particular el de los glotones, donde cae una lluvia «eterna, cruel y fría» y «agua negra, granizo enorme y nieve» (Infierno, VI, vv. 8 y 10), uno no puede evitar pensar en los numerosos y cada vez más frecuentes trastornos alimentarios que se dan entre adolescentes y jóvenes, sobre todo durante la infancia: bulimia y anorexia nerviosa, trastornos incontrolados de la alimentación y la nutrición, rumiación. Una cruel fiera se cierne sobre los condenados sumergidos en el fango y con los ojos rojos, la barba grasienta, el vientre hinchado, desollándolos con sus garras. Es aquí donde Dante conoce a Ciacco, relegado en el Infierno: «mi pecado fue la gula» (Infierno, VI, v. 53).

Pero el caso más conmovedor de recontextualización de la *Comedia*, al menos para los hombres del siglo XX, es el capítulo que Primo Levi dedicó al canto de Ulises en *Si esto es un hombre*. Jean, un estudiante alsaciano que hablaba francés y alemán, y era el *Pikolo* de su *Komman-*

do, posición que le permitía estar cerca de las cocinas y de los fogones, había apoyado la candi-
datura de Primo como ayudante en la faena dia-
ria de repartir las raciones de sopa. Ambos, en la
hora que se ven obligados a pasar juntos para re-
coger la comida a un kilómetro de distancia, hablan de sus lecturas y sus estudios. Por el camino, Primo se ofrece a enseñarle algo de italiano y,
«quién sabe por qué», le viene a la mente el canto del Ulises. Así que empieza a contarle quién
es Dante, qué es la *Comedia*, «Cómo está dividi-
do el Infierno, qué es la contrapasión. Virgilio
es la Razón, Beatrice la Teología». Y al expli-
carlo en pocas palabras advierte que es «Como
si yo lo sintiese también por primera vez». De
memoria, empieza a recitar: «El mayor cuerno
del antiguo fuego…», pero tras los seis primeros versos se detiene, se queda en blanco. Con
dificultad recupera un verso más: «Me aventuré
por alta mar» (*«ma misi me per l'alto mare aper-
to»*). Y allí, en medio de aquel campo de concen-
tración, Primo se siente seguro para explicarle a
Pikolo que *«misi me»* no puede traducirse exactamente como *«je me suis mis»* en francés, «es
mucho más fuerte, más audaz, es una atadura
rota, es lanzarse a sí mismo más allá de una ba-

rrera, nosotros conocemos bien ese impulso. La altamar abierta».[1] Primo recuerda luego otros versos: «señalizó los límites del mundo | para que el hombre no los traspasase» («*segnò li suoi riguardi | acciò che l'uom più oltre non si metta*»). Y descubre que ese «*si metta*» es la misma expresión de antes, «*e misi me*»: «Tenía que venir al Lager para darme cuenta».[2] Dante es un subversivo, alguien que experimenta, siempre hay un espíritu de libertad en su poesía. Finalmente, otro terceto aflora a sus labios, el más importante, y tiene prisa, «una prisa furibunda», por decírselo a Pikolo, quiere que abra «los oídos y la mente», necesita que entienda: «Pensad en vuestro origen». Lo que sigue es como si lo oyera por primera vez. Es un «toque de clarín […] Por un momento, he olvidado quién soy y dónde estoy», y también la sopa que ambos llevan al hombro. Pikolo le ruega que repita, porque es bueno, y «se ha dado cuenta de que me está haciendo el bien». A pesar de la improvisada traducción:

[1] Primo Levi, *Si esto es un hombre*, trad. Pilar Gómez Bedate, Barcelona, El Aleph, 2005, pp. 122-123.
[2] *Ibid.*, p. 124.

Ha recibido el mensaje, ha sentido que le atañe, que atañe a todos los hombres en apuros, y a nosotros en especial; y que nos atañe a nosotros dos, que osamos hablar de estas cosas con los palos de la sopa en los hombros.[1]

Primo daría la sopa del día por recordar los versos que le faltan. «Es absolutamente necesario y urgente» que su interlocutor «escuche, y comprenda». Mañana podría ser demasiado tarde, uno de ellos podría estar muerto, podrían no volver a verse: por eso es tan importante llegar hasta el final, antes de que el mar se cierna también sobre ellos:

Debo hablarle, explicarle lo de la Edad Media, el tan humano y necesario y sin embargo inesperado anacronismo, y algo más, algo gigantesco que yo mismo sólo he visto ahora, en la intuición de un instante, tal vez el porqué de nuestro destino, de nuestro estar hoy aquí...[2]

He pensado mucho en Primo Levi y Pikolo caminando por entre las corvas, hablando de Dante, vislumbrando la razón de su destino, de su

[1] *Id.*   [2] *Ibid.*, p. 125.

«estar hoy aquí...». En el rostro desnudo, lampiño y demacrado de Primo, los ojos hundidos; en Primo inspeccionado en la plaza de la lista por los meticulosos contables de la muerte; en Primo mojado por la lluvia y cubierto de barro, soñando con regresar con su obra en el zurrón y no ser escuchado; en Primo que habría dado su ración de sopa por un verso de Dante. Quizá no haya habido en nuestro tiempo una aproximación más universal al infierno que la de Auschwitz, ni un destierro o exilio más reconocido de la condición humana. ¿Qué eco pudieron tener para Primo y Pikolo aquellos dos versos: «No fuisteis hechos para vivir como animales, | sino para seguir virtud y ciencia»? Porque es precisamente en los lugares más extremos, en los lugares de castigo y detención, en los hospitales, las cárceles, los Lager, donde la poesía muestra todo su asombroso poder redentor. En las prisiones que tienen biblioteca, el índice de suicidios desciende drásticamente: un verso, aunque sólo sea uno, puede salvar una vida, devolvernos la humanidad que hemos perdido o que nos ha sido arrebatada.

Para Primo Levi, la historia de su regreso a casa fue también dantesca, otro viaje desde el reino de los muertos a la Dicha.

LA HABITACIÓN CERRADA

Pero con respecto a nosotros mismos, a «nuestro estar hoy aquí», ¿cómo ha cambiado la *Comedia* bajo el prisma de la pandemia que asoló el planeta? ¿Qué otros significados ha adquirido, qué tiene que decirnos aún, cómo puede ayudarnos a comprender lo que sucedió?

Habría sido útil, durante los largos meses de encierro, escuchar también la opinión de los poetas, aparte de la de los científicos, políticos y periodistas. Y no sólo de los poetas contemporáneos, o vivos, sino también de los difuntos, por así decirlo. Ellos mejor que nadie habrían podido enseñarnos que es precisamente en los estados de forzosa separación donde puede concebirse una idea nueva de libertad, una libertad acorde con el respeto a las leyes del entorno y las relaciones humanas de todo tipo, desde las económicas hasta las civiles. Eso era exactamente lo que habríamos necesitado: que de este confinamiento, tan semejante al requerido para la creación de una obra literaria, surgiera una revolución cultural, una nueva visión del mundo, ilustrada e internacionalista, para que esta pandemia y sus consecuencias no se quedaran en una nueva oportunidad perdida, una alarma ignorada, una emergencia ineficaz.

Los poetas pueden presumir de una familiaridad muy prolongada, milenaria, con la relación entre coacción y libertad. Son expertos en misantropía, pero también en el arte de la evasión. Trabajan encerrados en una habitación, se sientan a una mesa, llaman «estancias» a ciertas estrofas de sus composiciones, se entregan a menudo voluntariamente a la imposición de la rima y la métrica. Sin embargo, siempre sueñan con escapar de su «prisión ciega». Odio y amor al encierro: así denominaba Bufalino la atracción y repulsión por los lugares cerrados de los sicilianos. Claustrofobia y claustrofilia.

Dante es el ejemplo más llamativo: inventó el terceto, la llamada rima encadenada, que incluso en su nombre remite a una idea de encierro, de esclavitud. Probablemente lo hizo partiendo del serventesio,[1] logrando así un formidable ins-

---

[1] Las estrofas serventesio estaban compuestas por tres endecasílabos monorrimos más un cuarto, según el esque-

trumento técnico, de gran facilidad mnemotéc-
nica y reproducibilidad oral, conjunción entre
prosa y poesía, capaz de satisfacer tanto las exi-
gencias de la armonía como las de la narración.[1]
Como resumió Eliot, «Dante pensaba en *terza
rima*».[2]

Y una vez más su experiencia personal se reve-
la iluminadora y rica en significados. La idea de
libertad y de hombre y el valor que da a la palabra, y en particular a la palabra poética, son aspectos que Dante maduró en el exilio, viéndose

---

ma: aaab bbbc. Dante pudo haber eliminado la rima bisíla-
ba y los versos que no eran endecasílabos, sustituyendo el
cuarto por el segundo y obteniendo así el triplete: aba bcb
cdc… Es posible que haya derivado las coplas rimadas del
soneto, una restricción autoimpuesta que era necesaria,
no sólo por razones de cadencia musical, sino también
para obligarle a elaborar continuamente nuevas formas para
superarla, para inventar otras soluciones, otras estratage-
mas, para ejercitar su imaginación como un músculo y no
dejar que se atrofiara, en un constante entrenamiento y
combate cuerpo a cuerpo con el lenguaje, las reglas grama-
ticales y el léxico disponible. *Cf.* https://www.treccani.it/
enciclopedia/terzina_%28Enciclopedia-Dantesca%29/
[1] Pushkin también lo utilizó, observó Gogol, para describir en su poema *V na ale žizni školu pomnju ja* (1830)
su poética juventud en Carskoe Selo.
[2] T. S. Eliot, «Lo que Dante significa para mí», *op. cit.*,
p. 426.

obligado a abandonar «lo que más amas»,[1] descendiendo «por el reino sin fin de la amargura»,[2] para luego ascender a la montaña del Purgatorio y finalmente al cielo del Paraíso «de luz en luz».[3] Sólo así pudo aprender

> cosas que, si las repito,
> amargarán a muchos paladares;
>   mas si me muestro como amigo tímido,
> de la verdad, no viviré entre aquellos
> que a nuestro tiempo llamarán antiguo.
>   (Paraíso, XVII, vv. 116-120)

Es de este tiempo antiguo, de esa Edad Media no tan lejana como nos demostró Primo Levi, de donde Dante no deja de invitarnos a no ser amigos timoratos, a mirar la realidad a la cara, a medirnos con ella, al menos con la parte que nos ha tocado en suerte. Y sanarnos así de «impedimentos» y «trabas», de la vergüenza, del tartamudeo, del miedo y de los monstruos que generan el sueño y el insomnio de la razón: esto es lo

---

[1] «Tendrás que abandonar lo que más amas, | y éste será el primero de los dardos | que ha de lanzarte el arco del exilio» (Paraíso, XVII, vv. 55-57).
      [2] *Ibid.*, v. 112.   [3] *Ibid.*, v. 115.

que le pide Beatrice en el último canto del Purgatorio (XXXIII, vv. 31-33):

> Del temor y la vergüenza
> debes ahora desembarazarte,
> para no hablar como hombre soñoliento.

Para sanar así incluso del destierro.

LA ENFERMEDAD
DEL EXILIO

El exilio es el centro del que irradia su voz. Y es un centro que concierne a la gente de todos los tiempos: es la experiencia de estar lejos, del aislamiento, de la expatriación, que también puede ser alejamiento de la propia casa, de lo humano, de los otros. Es el estado de exilio el que genera la Melancolía de la que también *partió* Saba, la nostalgia en la que uno se hunde: el síndrome de Ulises, el que afecta a los emigrantes o soldados enviados a miles de kilómetros de su hogar. «El exilio es la más alta lección de humildad, la última lección».[1] Obliga a enfrentarse, dice Brodsky, «no sólo a otros hombres dolientes, sino a la infinitud humana».[2] Tiene también «una dimensión metafísica muy fuerte, muy clara».[3]

[1] J. Brodsky, *Dall'esilio*, Milán, Adelphi, 1988, p. 19.
[2] *Id.*
[3] «Y quien lo ignora o lo elude se ataca a sí mismo, oculta el sentido de lo que le ha sucedido, se condena a permanecer para siempre como objeto pasivo, se osifica en la condición de víctima incapaz de comprender», *ibid.*, p. 20.

Dante elige como guía a un poeta del exilio, y si Dante es Eneas, Virgilio es Anquises, el «dulcísimo padre» (Purgatorio, XXX, v. 50), pero también la madre que «pensando más en él que en ella misma» (Infierno, XXIII, v. 41). Siempre tiene una actitud paternal hacia él: es el «duque» que le ha conducido a través del «atrio de los muertos» (Purgatorio, XXX, v. 139), el que le reprende cuando comete errores y el que le sugiere lo que debe hacer. Si se aislaran las partes que sólo conciernen a ellos dos, se obtendría un léxico familiar lleno de ternura y carencias, el sueño de una adopción imposible.

Pero aparte de estar privado de una madre y un padre terrenales, Dante es también un exiliado, un desterrado, lo que le convierte en apátrida. Para Eliot, Dante es el más europeo y el menos provinciano de todos los poetas de nuestro continente, y «el menos provinciano, aunque [...] para lograrlo no se vio obligado a dejar de ser local».[1]

---

[1] T. S. Eliot, «Lo que Dante significa para mí», *op. cit.*, p. 435. Eliot también señala que Dante leyó y estudió no sólo a santo Tomás, un italiano, sino también a sus predecesores Albertus, alemán; Abelardo, francés, y Hugo y Ricardo de San Víctor, escoceses. El hecho de que eligiera escribir la *Comedia* en lengua vernácula, y en lengua ver-

En el primer libro de su autobiografía, *La lengua absuelta*, Elias Canetti enumera las numerosas lenguas de su vida, el búlgaro de la ciudad en la que nació, el brasileño de su familia, el español de su infancia, el turco de sus abuelos, el armenio del leñador que cantaba canciones sobre emigrantes, el alemán en el que se conocieron sus padres, el inglés de Mánchester donde murió su padre; cuando tuvo que decidir en qué lengua escribiría, no eligió ni la lengua de la infancia, ni la de los rituales, ni la de la memoria, ni la de los refugiados, ni la de la muerte, eligió el alemán, que para él era la lengua del amor. Y tal vez por la misma sencilla razón, Dante también escribió su *Comedia* en lengua vernácula, porque fue en la lengua vernácula como sus padres se enamoraron, la lengua vernácula en la que fue concebido.

Fue una elección consciente y decisiva. Tras haberle sido arrebatados sus afectos, su perte-

---

nácula toscana, no es en absoluto una elección restrictiva o limitada. Su formación cultural y filosófica es amplia, europea, supranacional. Aun así, Dante necesitaba la lengua vernácula para plasmar mejor la complejidad emocional que deseaba tratar y para hacer de su experiencia particular una experiencia universal, en todos sus matices. T. S Eliot, «Dante», *op. cit.*, p. 182 y ss.

nencia, su ciudadanía—la condición del exiliado es de total orfandad—, su propia lengua es la única tierra verdadera que sigue habitando, el único hogar que puede llevar por el mundo, el único lugar del que no puede ser desterrado. Sólo cuando uno se aleja de su propia lengua, se convierte verdaderamente en «expatriado», como recitaba el poeta Giorgio Caproni:

> Se lo llevaron
> del lugar de su lengua.
> Lo abandonaron mal
> en tierra extranjera.
> Ya no sabe dónde está
> su tribu. Está perdido.
> Pregunta. Busca a tientas. Grita.
> Peor que si fuera mudo.

Dante ha sido expulsado de Florencia, también del Tiempo, pero no de la lengua. Y precisamente sobre la lengua italiana y su variedad es sobre lo que construirá los primeros cimientos de nuestra identidad.[1]

[1] «No fue, pues, una nación la que produjo una literatura», resumió Gian Luigi Beccaria, «sino una literatura la

Dante, una vez más, se parece a Eneas: lo ha perdido todo, pero sigue cargando a su padre sobre los hombros (la tradición), y llevando a un niño de la mano (el lector futuro). Vive entre el pasado y el futuro, pero no en el presente. A propósito del Canto x del Infierno, Mandelstam habla incluso de un *terror praesentis*[1]—lo constata incluso a partir del uso de los verbos—y observa con agudeza que el «cuándo» dantesco tiene el timbre de un «cómo».[2]

El tiempo de Dante es inmóvil y horizontal; pertenece sólo a la forma, está en el número de cantos,

---

que prefiguró el proyecto de una nación». En G. L. Beccaria, *Mia lingua italiana*, Turín, Einaudi, 2011, p. 4. «Dante pensó en una lengua vernácula literaria amplia, basada no sólo en un grupo de toscanos (Cino, Cavalcanti, el propio Dante), sino en el grupo meridional de sicilianos que ya había florecido en tiempos de Federico II, acogiendo en la "federación" también a un boloñés, Guinizelli» (*ibid.*, p. 5). Precisamente porque se funda en la lengua, nuestra unidad nacional tiene como elemento constitutivo la variedad. Dionisotti dice que Dante persigue «una unidad lingüística y literaria ideal, propuesta y requerida de una variedad real, fraccionada, una unidad en suma que supera, pero al mismo tiempo implica esa variedad», en G. Dionisotti, *Geografia e storia della letteratura italiana* (1967), Turín, Einaudi, 1971, p. 35.

[1] Ó. Mandelstam, *Coloquio sobre Dante*, *op. cit.*, p. 21.
[2] *Ibid.*, p. 91.

en el número de versos, no en la percepción histórica de los acontecimientos. El método con el que elige presentar el tiempo histórico en la *Comedia* es un anacronismo deliberado: Dante exalta, glorifica y juzga el pasado, hace la crónica del desmoronamiento de la civilización comunal en la que nació, de su decadencia; al igual que muchos de nosotros, es un hombre de otro siglo, incómodo en el nuevo. Un hombre que, sin embargo, nunca deja de proyectar y alimentar su propia utopía o anhelo personal, la aspiración a la justicia y la paz. Y que no está dispuesto a hacer concesiones.

A un amigo que le insta a llegar a un acuerdo para regresar a Florencia, le escribe:

No es ése el camino para volver a casa, padre mío; pero si encuentras otro, primero por ti, y luego por otros, que no menoscabe la fama y el honor de Dante, lo aceptaré raudo; que si de este modo no se puede entrar en Florencia, yo no entraré nunca en Florencia. ¿Por qué no? ¿No veré por todas partes la luz del sol y de las estrellas? ¿No podré explorar bajo todos los cielos las más dulces verdades, si antes no me hago indigno, incluso ignominioso, para el pueblo y la ciudad de Florencia? No creo que me falte el pan.[1]

[1] Dante Alighieri, Epístola XII (a un amigo florentino). El

Orgulloso, Dante se defiende. Al comienzo del Canto XXV del Paraíso anhela volver al bello «redil», y ser coronado poeta en la misma pila en la que le bautizaron, pero es una ilusión. En la nueva era Dante está perdido, sólo es un gigante para nosotros, observa Garboli,[1] para la posteridad. Al fin y al cabo, escribe a la posteridad y para la posteridad, no para sus contemporáneos.

---

texto original está en latín: «*Non est hec via redeundi ad patriam, pater mi; sed si alia per vos ante aut deinde per alios invenitur que fame Dantisque honori non deroget, illam non lentis passibus acceptabo; quod si per nullam talem Florentia introitur, numquam Florentia introibo. Quidni? Nonne solis astrorumque specula ubique conspiciam? Nonne dulcissimas veritates potero speculari ubique sub celo, ni prius inglorium ymo ignominiosium populo florentineque civitati me reddam? Quippe nec panis deficiet*».

[1] Véase la introducción a *La Divina Commedia, le Rime, i versi della Vita Nuova e le canzoni del Convivio*, editado por Cesare Garboli, Turín, Einaudi, 1954, pp. vii-xxx.

EL COMPLEJO
DE PALINURO

Siempre ha habido otros poetas del exilio, incluso lejanos—como los rusos: Ajmátova, Blok, Mandelstam, Brodsky—, que han sentido hermandad con ese destino compartido con Dante, tan «bello en fama como en desgracia» al igual que Ulises. Foscolo lo sintió sin duda en las palabras iniciales del soneto a la muerte de su hermano Giovanni: «Un día, si no estuviera siempre huyendo | de gente en gente». El exilio crea una cesura no sólo con la vida, sino también con la muerte, altera ambas relaciones. Excluye de las ceremonias de la existencia, pero también del duelo familiar, impide las despedidas, incluso la celebración del propio funeral, la posibilidad de ser enterrado en la propia tierra.

Dante murió en Rávena, Foscolo en Londres.

No tendrás más que el canto del hijo,
oh, tierra materna; a los dos nos prescribió
el destino un entierro en el que nadie llora.[1]

[1] Ugo Foscolo, *A Zacinto*, 12-14.

La maldición del insepulto se cierne sobre todo hombre en el exilio, la maldición que Gesualdo Bufalino bautizó como complejo de Palinuro[1] y que el propio Virgilio había cantado en la *Eneida*. El miedo a morir lejos, a no tener funeral, a no ser siquiera llorado y vagar perdido en el mar incluso después de la muerte. La condena a una eternidad dolorosa y exasperante, sin consuelo.

«Aut tu mihi terra inice», pedirá a Eneas en el reino de los muertos el timonel Palinuro, náufrago contra una roca en el mar Tirreno: «Échame tierra encima».

Ahora que el Mediterráneo se ha convertido en el mayor cementerio de insepultos del mundo y que Palinuro tiene muchas nacionalidades—es eritreo y somalí, kurdo, sirio, iraquí, paquistaní, afgano, marroquí, nigeriano—, estos versos resuenan también con acentos inesperados. Como la invocación del Ulises de Dante:

«Oh, hermanos», dije, «que tras mil peligros estáis en el confín del Occidente».
(Infierno, XXVI, vv. 112-113)

---

[1] Gesualdo Bufalino, «Palmina Enne Enne, sua morte, battesimo, esequie», en: *La luce e il lutto*, Palermo, Sellerio, 1990, p. 28.

Hace unos años me invitaron a participar en un taller con escuelas de una provincia siciliana que había destinado parte de su cementerio a los cadáveres sin nombre recuperados de las aguas del canal de Sicilia. Se trataba de atribuir a cada cadáver un nombre y una biografía inventados, para devolverles así una identidad, al menos ficticia: al no poder devolverlos a su tierra, aquello era al menos un pequeño intento de arrojar otra sobre ellos de la mano de un grupo de niños y jóvenes.

Mediante el incesante movimiento de la historia, que gira y desplaza las obras y los versos, muchos términos, como *confinamiento*, *aislamiento*, *expatriación*, han cambiado de naturaleza. Respecto a los últimos años, hoy remiten inevitablemente al vocabulario de la emigración y también al de la pandemia, a sus ambientes asépticos y gélidos: cuidados intensivos, trajes protectores, muerte solitaria y distante. Fue un proceso de alienación, de extrañamiento, un volverse extraño incluso para uno mismo. La pérdida de aliento es la pérdida del habla, una afasia progresiva del individuo y de la sociedad. Y es a esta epidemia a la que conduce el exilio, a través de sus etapas graduales y sus repeticiones ininterrumpidas. Y es frente a esto contra lo que Virgilio y

Dante, y Ajmátova, Blok, Borges, Brodsky, Bufalino, Caproni, T. S. Eliot, Foscolo, Giudici, Leopardi, Primo Levi, Mandelstam, Pushkin, Ezra Pound, Saba, Ungaretti y todos los demás que les han precedido o seguido y seguirán se rebelan: la pérdida de la palabra.

Como Kafka, que en el final de la novela de Ricardo Piglia *Respiración artificial* se ve reducido a la afasia por la tuberculosis de la faringe en un sanatorio cerca de Viena, en Kierling, entre abril y principios de junio de 1924, mientras que no muy lejos de allí y en los mismos días, en un castillo de la Selva Negra, Adolf Hitler dicta *Mein Kampf* a sus ayudantes.[1] Cuando los poetas y escritores y el resto de los abanderados de la razón pierden su voz, son los dictadores quienes la recuperan.

[1] Ricardo Piglia, *Respiración artificial*, Barcelona, Anagrama, 2001.

LOS ZAPATOS
DE LOS POETAS

«La mayoría de los muertos callan. Ya no dicen nada. Literalmente ya lo han dicho todo. Pero no sucede así con los poetas. Los poetas siguen hablando».[1] Así se expresa Cees Nooteboom, el último poeta al que quiero mencionar, en la introducción a su *Tumbas de poetas y pensadores*.

Es cierto que los poetas siguen hablando, incluso después de muertos. Así lo han hecho, durante miles de años, desde el origen de la civilización, pero su voz nunca nos había llegado tan débilmente como ahora, tan lejana, ahogada por el espíritu de la época, tachada de fútil y accesoria,[2] de vieja costumbre en desuso.

[1] Cees Noteboom, *Tumbas de poetas y pensadores*, trad. María Condor, Madrid, Siruela, 2007, p. 13.
[2] Otro poeta, el brasileño Paulo Leminski, la llamó un «inutensilio», porque la poesía es algo que escapa a la dictadura de lo útil que domina nuestra sociedad: es superflua, improductiva y esencialmente inútil. Podría haberse convertido en un «inutensilio» doméstico, habitando nuestras cocinas, nuestros hogares, llenándolos de nuevos y maravillosos objetos inútiles. En vez de eso, el mundo si-

La desaparición de la poesía es otro de los grandes cambios climáticos de nuestro tiempo y, como todos los cambios en curso, aún no ha sido investigado a fondo, pero está en la raíz de muchos males de todo tipo, porque la poesía tiene que ver con la belleza y el placer del lenguaje, de la palabra, de la amistad. Por utilizar un término dantesco, con los placeres del convivio, del estar bien juntos de la manera adecuada, y por tanto con el *bienestar*, con la salud en el sentido literal de salvación, con la Dicha. Dante era consciente de ello y escribe al respecto en otra carta a Cangrande della Scala que el objetivo de toda la *Comedia* «consiste en sacar a los que viven esta vida del estado de miseria y conducirlos al estado de felicidad».[1]

guió adelante con la presunción de que podía prescindir de ella y, yendo de un milenio a otro, a finales del siglo XX, decidió no incluirla en la maleta. Véase: Paulo Leminski, *Ensaios e Anseios Crípticos*, Curitiba, Criar, 1986, pp. 58-60. Véase también Mia Couto, *L'universo in un granello di sabbia*, Palermo, Sellerio, 2021, pp. 200-201: «En aquel momento, sin embargo, nada era más serio y urgente que encontrar la belleza entre el polvo de la tierra. Ninguna tarea escolar podría enseñarme lo que mi padre me estaba revelando: la posibilidad de asombrarse ante la pequeña inutilidad. Parafraseando a un poeta brasileño: "los pequeños inutensilios"».

[1] Dante Alighieri, Epístola XII (a Cangrande della Sca-

Pero cuando se habla de poetas, lo primero que se pierde es la poesía misma. Es como cuando uno cree tener una mariposa en la mano y, en cambio, es su movimiento el que la hace huir. Los poetas muertos, hoy, tienen los zapatos rotos y agujereados: la lluvia se cuela entre ellos, el cuero está gastado, los tacones estropeados, los cordones sueltos, desde hace un par de décadas ninguno de ellos ha vuelto a visitarnos.

También así nos imaginamos a Dante con sus suelas destrozadas y llenas de barro al final de su viaje.[1] Si queremos que su voz regrese de un

---

la). «*Finis totius et partis esse posset et multiplex, scilicet propinquus et remotus. Sed omissa subtili investigatione, dicendum est breviter quod finis totius et partis est, removere viventes in hac vita de statu miserie et perducere ad statum felicitatis*».

[1] No hay obra literaria que haya elogiado y descrito mejor el acto de caminar y, en consecuencia, no hay poeta que haya gastado más sus zapatos. Ósip Mandelstam escribió que el Infierno, y más aún el Purgatorio, «enaltecen el andar del ser humano, el tamaño y el ritmo de los pasos, la planta del pie y su forma» (*Coloquio sobre Dante, op. cit.*, p. 15). Y del pie Dante tiene un criterio prosódico: designa el ir y venir en un gran número de expresiones multiformes. El pie métrico es la inhalación, la exhalación es el paso. Un paso que deduce, observa, silogiza. El maestro es más rápido que el discípulo porque «corre más rápido» (*ibid.*, p. 16).

lugar indeterminado, setecientos años después de su muerte, lo primero que habría que hacer es montar un puesto de zapatero en un rincón, alinear todas las herramientas del oficio, sacar la cola de caucho y el hilo de lino, retomar los moldes, hacer un dobladillo en los bordes, volver a dar forma a las hormas y reparar los zapatos. Porque los zapatos de los poetas son sus palabras, y son éstas las que han quedado irremediablemente desgastadas, son éstas las que debemos reparar para repararnos a nosotros mismos.

Remendarlos sería una buena manera de decidirnos por fin a sanar. De volver a creer que realmente *de todo mal* puede *sanarnos un buen verso*.

ALGUNAS REFERENCIAS
BIBLIOGRÁFICAS

LA «COMEDIA» Y OTRAS OBRAS
DE DANTE

Rimas completas, introd., trad. y notas Mariano Pérez Carrasco, Buenos Aires, Winograd ediciones, 2009.

Comedia, pról., comentarios y trad. José María Micó, Barcelona, Acantilado, 2018.

La Comedia de Dante ilustrada por Ugo Foscolo, con prólogo de Giuseppe Mazzini, Londres, Pietro Ronaldi, 1842.

El convivio, trad. C. Rivas Cherif, Madrid-Barcelona, Calpe, 1919.

La vida nueva, introd. Miguel Scherillo, trad. Luis C. Viada y Lluch, Barcelona, Montaner y Simón, 1912.

EL DANTE DE LOS POETAS

BRODSKY, Joseph, *Menos que uno*, trad. Carlos Manzano, Madrid, Siruela, 1994.

BORGES, Jorge Luis, *Nueve ensayos dantescos*, Madrid, Alianza, 2002.

BUFALINO, Gesualdo, «Palmina Enne Enne, sua morte, battesimo, esequie», en: *La luce e il lutto*, Palermo, Sellerio, 1990.

DEBENEDETTI, Giacomo, «Personaggi e destino», en: *Il personaggio-uomo*, Milán, Garzanti, 1998.

ELIOT, T. S., *Studi su Dante*, Milán, Bompiani, 1994. [«Dante» y «Lo que Dante significa para mí», en: *La aventura sin fin*, ed. Andreu Jaume, trad. Juan Antonio Montiel, Barcelona, Debolsillo, 2014].

LEOPARDI, Giacomo, *Zibaldone di pensieri*, Milán, Feltrinelli, 2019. [Existe traducción en español: *Zibaldone de pensamientos*, trad. Ricardo Pochtar, Barcelona, Tusquets, 1990].

LEVI, Primo, *Si esto es un hombre*, trad. Pilar Gómez Bedate, Barcelona, El Aleph, 2005.

MANDELSTAM, Ósip, *Coloquio sobre Dante*, trad. Selma Ancira, Barcelona, Acantilado, 2004.

PAULS, Alan, *El factor Borges*, Barcelona, Anagrama, 2004, edición digital.

PIGLIA, Ricardo, *Respiración artificial*, Barcelona, Anagrama, 2001.

PIRANDELLO, Luigi, «La poesia di Dante», en: *Scritti danteschi*, Milán, Luni editrice, 2021.

SABA, Umberto, «Finale», en: *Preludio e canzonette*, en *Il canzoniere* (1900-1954), Turín, Einaudi, 2014, p. 237.

SEPPILLI, Anita, *Poesia e magia*, con introducción de Nino Buttitta, Palermo, Sellerio, 2011.

UNGARETTI, Giuseppe, «Commento al canto primo dell'Inferno (1952)», en: G. Ungaretti, *Vita
d'un uomo. Saggi e interventi*, ed. Mario Diacono y
Luciano Rebay, Milán, Mondadori, 1974, pp. 367-
388.

DANTE Y LA MEDICINA

DANTE ALIGHIERI, *La Divina Commedia*, con notas histórico-médicas de Donatella Lippi, Fidenza, Mattioli 1885, 2009-2011 (en particular, los ensayos de Maria Antonia Ferrante, «Il grande psi-
codramma: il mondo della Divina Commedia», y
de Donatella Lippi, «La semantica del dolore»).
LIPPI, Donatella, «Un medico all'inferno», *Toscana
Medica*, 2019, n.º 9, https://www.toscanamedica.
org/104-le-copertine-di-toscana-medica/935-un-
medico-all-inferno.
PERCIACCANTE, Antonio, «Dante Alighieri: evidence for sleep disorder-related cardiac autonomic dysfunctions», *The Lancet, Respiratory Medicine*, enero de 2017.
PLAZZI, Giuseppe, *Dante's description of narcolepsy*, *Sleep Medicine*, noviembre de 2013, 14 (11),
pp. 1221-1223.
SAITTA, Salvatore, *Le psicopatie nella Divina Commedia*, Catania, Giannotta, 1921.

SANTAGATA, Marco, «Malattie reali» y «Tra patologia e metafora», introducción al primer volumen
en la col. I Meridiani de las *Opere* de Dante, Milán, Mondadori, 2011, pp. xlvi-li.

TONELLI, N., y R. Marcolongo, «Dante, l'Inferno e
il McGill Pain Questionnaire», *Reumatismo*, 2007,
59 (2), pp. 173-183.

LISTA DE TRASTORNOS, PSICOPATÍAS Y OTROS CASOS CON SUGERENCIAS DE LECTURA

TRASTORNOS

Trastornos de la alimentación: bulimia y anorexia nerviosa, trastornos descontrolados de la alimentación y la nutrición, rumiación: Infierno, vi

Trastornos del corazón: taquicardias y braquicardias: *La vida nueva*, vii («Oh, vosotros, que por el camino del amor andáis»), xiv, xv, xix («Oh, damas que de amor tenéis idea»), xxiii

Trastornos del habla: Infierno, xxiv, xxxi; Purgatorio, ix, xxiii; Paraíso, xviii

Trastornos del movimiento: abulia motora, frenastenia apática y eretismo, aspectos catatónicos: Infierno, iii

Trastornos del sueño: *Rimas*, 20, lxvii («Y me arrepiento así, tan duramente»), *La vida nueva*, ii y iii («A toda alma opresa»); Infierno, iii y v

Enfermedades de la vista: *El convivio*, iii, ix, v. 15

Enfermedades de la piel, malaria, sarna, peste: Infierno, xiv, xxix

Patologías de los nervios o *passio nervorum*: tortícolis espasmódica o distonía cervical: Infierno, xx

PSICOPATÍAS

OTROS MALES Y REMEDIOS

ESTA EDICIÓN, PRIMERA, DE «Y DE
TODO MAL ME SANA UN BUEN VERSO»,
DE FABIO STASSI, SE TERMINÓ DE
IMPRIMIR EN CAPELLADES EN
EL MES DE FEBRERO
DEL AÑO
2026

Colección Cuadernos del Acantilado
Últimos títulos